FRONTEIRAS DO DES-AMPARO E AS VICISSITUDES DA PANDEMIA

Blucher

FRONTEIRAS DO DES-AMPARO E AS VICISSITUDES DA PANDEMIA

Walkiria Nunez Paulo dos Santos
organizadora

Fronteiras do Des-amparo e as vicissitudes da pandemia

Publisher Edgard Blücher
Editor Eduardo Blücher
Coordenação editorial Jonatas Eliakim
Produção editorial Catarina Tolentino
Preparação de texto MPMB
Diagramação Adriana Aguiar
Revisão de texto Évia Yasumaru
Capa Leandro Cunha
Imagem da capa iStockphoto

Blucher

Rua Pedroso Alvarenga, 1245, 4º andar
04531-934 – São Paulo – SP – Brasil
Tel.: 55 11 3078-5366
contato@blucher.com.br
www.blucher.com.br

Segundo o Novo Acordo Ortográfico, conforme 5. ed. do *Vocabulário Ortográfico da Língua Portuguesa*, Academia Brasileira de Letras, março de 2009.

Dados Internacionais de Catalogação
na Publicação (CIP)
Angélica Ilacqua CRB-8/7057

Fronteiras do Des-amparo e as vicissitudes da pandemia / organizado por Walkiria Nunez Paulo dos Santos. – São Paulo : Blucher, 2022.

272 p. : il.

Bibliografia
ISBN 978-65-5506-479-7 (impresso)
ISBN 978-65-5506-480-3 (eletrônico)

1. Psicologia. 2. Doença (COVID-19) – Aspectos psicológicos. 3. Jovens – Psicologia. I. Santos, Walkiria Nunez Paulo dos.

22-2980 CDD 150

Índice para catálogo sistemático:
1. Psicologia

Conteúdo

Apresentação 7

Prefácio - *Claudio Castelo Filho* 11

1. Sessão simultânea de leitura: um espaço para o vínculo, o sentir/pensar e a leitura literária. Uma experiência com crianças pequenas durante a pandemia - *Adrianna Nunez* 15

2. Adolescentes no inferno: pandemia precipitando fragilidades - *Alceu Casseb* 31

3. Solidão, solitude, isolamento social: vivências de adolescentes - *Ana Maria Stucchi Vannucchi* 53

4. A intuição e a subjetividade do analista como instrumentos para construções oníricas - *Carmen C. Mion* 85

5. Bion e o sentimento de encantamento (*wonderment*) como depuração do impulso religioso primordial - *Cassio Rotenberg* 99

6. Pandemia de Covid-19: convite à reflexão e ao crescimento – *Denise Aizemberg Steinwurz* 115

7. Formas clínicas da melancolia: "Eu não quero levar comigo", mas levo, "a mortalha do amor" – *Gleda Brandão Araujo* 147

8. Experiência emocional e intuição no atendimento psicanalítico à distância: observações e reflexões preliminares – *João Carlos Braga* 159

9. A linguagem perdida das gruas – *Péricles Pinheiro Machado Jr.; Marina Ferreira da Rosa Ribeiro* 175

10. Entre Agonia e Desamparo – *Rahel Boraks* 197

11. Fronteiras do Des-amparo: aprofundando a teoria sobre o prazer no pensar-prazer criativo – *Walkiria Nunez Paulo dos Santos* 211

Conferência de René Roussillon apresentada em 22 de maio de 2021 via plataforma Zoom com iniciativa do grupo de estudos "Clínica do Des-amparo e a mente do analista" da SBPSP, em parceria com a Diretoria Científica e Diretoria de Atendimento à Comunidade (DAC) da SBPSP 239

Sobre os autores 267

Apresentação

O grupo de estudos "Clínica do Des-amparo e a mente do analista" da SBPSP vem aprofundando, desde 2015, o conceito de desamparo abordado por Freud em "Projeto para uma psicologia científica" (1985), no qual ele afirma que o "desamparo inicial dos seres humanos é a fonte primordial de todos os motivos morais"(p.32). Freud retorna posteriormente ao conceito de desamparo por diversos ângulos. Bion (1965), por sua vez, aborda o desamparo quando fala de um modelo: "o de um adulto que mantém violentamente um estado exclusivamente primitivo onipotente ←→ desamparado" (p. 69).

Entendemos que o desamparo é um aspecto essencial de nossa condição humana, mas como iremos durante toda nossa existência amparar nosso desamparo vai depender da condição essencial de ser Si mesmo, ou seja, atingirmos a maturidade de Ser quem se é.

Para melhor colaborar com nosso pensamento, em 2018, lançamos um primeiro livro editado pela Blucher, *Des-amparo e a mente do analista*, com artigos de colegas, profissionais renomados que puderam ter total liberdade de escolha do ângulo de aproximação teórica sobre o tema do livro.

O livro *Fronteiras do Des-amparo e as vicissitudes da pandemia* segue nesse mesmo vértice em relação aos autores de capítulos, nos quais tiveram total liberdade de expor suas experiências nesses dois anos de turbulência devastadora devido à Covid-19, que assolou o mundo inteiro. Os autores dos capítulos são membros da Sociedade Brasileira de Psicanálise de São Paulo e de Mato Grosso do Sul, mas contamos também com um profissional de Educação. Esses colegas apresentaram seus artigos em nosso grupo no período de 2020 e 2021. Contamos também com a conferência do renomado psicanalista René Roussillon apresentada na SBPSP/DAC através da plataforma Zoom no dia 22 de maio de 2021, com a tradução de Sylvie Giraud e transcrição para o português de Walkiria Nunez Paulo dos Santos.

No início da pandemia o desconhecido ganhou ainda mais o aspecto de assombro, e personalizou o espectro de dor. Todos foram invadidos, principalmente no início, pela ignorância e desconfiança do que nos ameaçava. Por sua vez, pessoas foram induzidas à ação, absorvidas por crenças fanáticas. O caos nos ameaçou categoricamente.

Diante da ameaça de vida, cada um reagiu como pôde. Muitos por meio da onisciência: negativismo ilusório com recusa da realidade; negativismo falseado, devido ao qual alguns se sentiam totalmente imunes por pertencerem a classes mais favorecidas; negativismo pragmático, por meio do qual as classes menos favorecidas negaram se proteger, talvez pela identificação com o agressor, evadindo-se da experiência de autoconhecimento e responsabilidades com a própria vida. Ou seja, perseguida psiquicamente a pessoa evade-se de sua realidade interna e externa e sobrevive em função de uma melancolia. Mas, muitos também tiveram a oportunidade de pensar, sentir compaixão, humanizar-se e muitos desenvolveram-se apesar do que sofriam.

Toda catástrofe ou mudança envolve renúncia. Lutos são necessários para que experiências dolorosas dessa natureza possam desenvolver pensamentos criativos e mais organizadores do psiquismo.

Após esses dois anos estamos nos dando conta de que o vírus que nos assolou não é somente um vírus no sentido biológico, mas sim um vírus que fez emergir consequências de um profundo desamparo e solidão, culminando muitas vezes no surgimento da melancolia submersa, e, portanto, já existente. Outro fator a ser observado é a anestesia psíquica, um confinamento interno, ficando translúcido, provocando sintomas em vários níveis.

No livro teremos alguns relatos de experiências com depoimentos de terror e falta de esperança na vida futura, ou relatos de "um tempo que não passa". Mas também poderemos usufruir da leitura de boas e promissoras experiências que esses tempos nos trouxeram.

O livro também possibilita aos autores deixar suas experiências registradas, com o intuito de proporcionar ao leitor a oportunidade de pensar seus próprios pensamentos. , no percurso de elaborações genuínas.

Os artigos estão disponibilizados em ordem alfabética.

Walkiria Nunez Paulo dos Santos

Organizadora do livro

Prefácio

Claudio Castelo Filho

Há um pequeno vídeo da Nasa intitulado *Hubble ultra deep field: looking out into space, looking back into time* (Campo Ultraprofundo: olhando para dentro do espaço, olhando de volta no tempo), em que o famoso telescópio ficou focado durante dez dias em um diminuto espaço observável do cosmos onde aparentemente não havia nada visível. A experiência do vídeo é equivalente à de um grande *zoom* feito pelo Hubble nas profundezas do universo. De um pedacinho vazio surge uma assombrosa profusão de luzes. A exposição do equipamento durante este período revelou dez mil galáxias tal como elas teriam sido há bilhões de anos; a mais antiga, com apenas seu núcleo formado, com cerca de 12 bilhões de anos. Em outros termos, a luz emitida por essa galáxia levou todo esse tempo para chegar até nós. Minha vivência ao observar esse vídeo e outros com títulos similares como *Hubble* deep field zoom-in é de maravilhamento, perplexidade, temor reverencial, angústia e desamparo, que poderiam ser contidos no termo "*awe*" usado por Bion e destacado no trabalho de Cassio Rotenberg neste livro. Outros vídeos, também produzidos pela Nasa e facilmente encontráveis na internet, fazem o contraste entre as dimensões de diversos corpos celestes, começando por satélites e planetas como Ganimedes, a Lua, Mercúrio, Vênus, Marte, a Terra, Saturno, Júpiter, seguidos por nossa estrela, o Sol, sempre mostrando o tamanho relativo entre eles e evidenciando a diminuta e insignificante dimensão de nosso mundo. Em seguida seguem-se estrelas cada vez maiores que vão reduzindo a nossa a menos que um grão de areia em relação às imensidões avassaladoras de Aldebaran, Rigel, Antares e UY Scuty, que estão dentro do campo observável pelos astrônomos. O filme de pouco mais de 45 segundos prossegue a comparação com aglomerados de estrelas, com a Via Láctea, galáxias adjacentes, aglomerados de galáxias, o superaglomerado de galáxias Laniakea, o Universo e à suposição de infinitos outros universos, sobre os quais não se tem ideia de que tipo de "leis" os regeria.

Outro pequeno vídeo mostra como somos arrastados pelo Sol como as moléculas de água em um vórtice de ralo de pia, enquanto este é por sua vez tracionado em torno da galáxia a velocidades impressionantes, em contraste com a ideia comum de um tranquilo Sol estático em torno do qual os planetas giram como disco.

Para onde estamos indo, para onde estamos sendo levados? Não se tem a menor ideia, visto que o que pode ser observado pelos mais eficientes telescópios e outros equipamentos de observação do cosmos é o que existiu, o que foi. O que está no caminho de nosso minúsculo sistema planetário é uma incógnita completa. A própria luz do Sol leva cerca de oito minutos para chegar até nós. Não temos qualquer poder de decisão quanto ao destino da espaçonave que nos transporta, aonde ela nos leva e que surpresas podem surgir neste trajeto.

Esses vídeos dão a dimensão da nossa insignificância e do nosso completo desamparo diante das forças da natureza (de fora e de dentro de nós mesmos), que nossa espécie insistentemente nega de maneira onipotente, em função da angústia inexorável causada por essa constatação. Alguns conhecidos me relataram uma angústia avassaladora, junto com o deslumbramento experimentado, ao serem colocados no escuro noturno total para observar o céu no meio do deserto do Atacama. Bion gostava de repetir a citação de Pascal que dizia "*le silence éternel de ces espaces infinis m'éffraie*" (o silêncio eterno desses espaços infinitos me apavora).

O surgimento do vírus e a rapidez com que a pandemia da Covid-19 tomou o planeta colocaram-nos de forma escancarada, mais uma vez – pois havíamos esquecido a quantidade de vezes que pestes dizimaram populações inteiras, sendo a grande última há quase exatos cem anos – diante do imprevisível, tal como um cometa, um meteoro, ou até os ventos aniquiladores da explosão de uma supernova, que atravesse a órbita da Terra, podendo resultar no aniquilamento de tudo que nela existe. Todos os planos e expectativas foram subitamente torpedeados ou suspensos pela imposição de uma realidade desalentadora e mortífera, evidenciando nossa fragilidade e desamparo. Todavia, a questão que se coloca é como alguém se posiciona diante de tais circunstâncias. É avassalado e anulado pela experiência, ou pode pensá-la e desenvolver-se para lidar com ela? Quais as condições psíquicas que permitem tomar uma rota ou outra? Diante de impasses mentais, que tipo de auxílio pode surgir em um atendimento psicanalítico? Quais os desenvolvimentos que podem advir dessa grave adversidade para a própria prática psicanalítica que necessitou rapidamente se adaptar a um contexto até então não cogitado?

O vírus evidenciou uma situação que sempre fez parte do nosso existir, deixou patente algo que costumávamos ignorar: que tudo pode mudar num sopro. Quais equipamentos mentais dispomos, ou não, para assimilar e administrar esse fato? Quais podem ser evoluídos? O que pode ter ocorrido na vida de uma pessoa para que esteja tão mal equipada para lidar com o desamparo? O que ocorreu na de outra para que encontre meios para tal?

Este importante volume organizado por Walkiria Nunez Paulo dos Santos, e para o qual também contribuí com um capítulo, foi desenvolvido a partir de um grupo criado por ela para estudar o tema, e que coloca em destaque as vivências de desamparo comuns a todos os seres humanos e as diferentes maneiras de se lidar com ela, tanto as mais "felizes" quanto a mais "infelizes", em termos práticos para a lida da vida cotidiana. São trabalhos calcados na ampla experiência clínica de seus autores e é a partir dessa prática que a escrita se desenvolve. Diversas abordagens psicanalíticas são expostas por diferentes e importantes colegas ligados à Sociedade Brasileira de Psicanálise de São Paulo (SBPSP), que em 2021 completa setenta anos de sua fundação oficial e filiação à International Psychoanalytical Association (IPA) – com exceção da colega Gleda Brandão que é da Sociedade de Mato Grosso do Sul e representante do *board* da IPA, da colaboração da educadora Adrianna Nunez, e do importante estímulo oferecido em uma conferência do renomado psicanalista francês René Roussillon.

A SBPSP está representada por sua atual presidente, Carmen Mion, pela atual diretora científica, Ana Maria Stucchi Vannucchi, e pelos destacados membros, João Carlos Braga, Rahel Boraks, Alceu Casseb, Cassio Rotenberg (atual tesoureiro da SBPSP), Denise Aizemberg Steinwurz, Péricles Pinheiro Machado Jr., e pela própria organizadora, Walkiria Nunez Paulo dos Santos.

Podemos articular a experiência psicanalítica a um mergulho profundo – *deep zoom* –, como o do Hubble para o espaço cósmico, na direção das dimensões infinitas e também espantosas da mente humana e do inconsciente. Uma viagem no desenvolvimento da elaboração ou pelo menos da capacidade de manter-se lúcido e funcional diante do nosso desamparo natural.

1. Sessão simultânea de leitura: um espaço para o vínculo, o sentir/pensar e a leitura literária. Uma experiência com crianças pequenas durante a pandemia[1]

Adrianna Nunez

> *Se a experiência não é o que acontece, mas o que nos acontece, duas pessoas, ainda que enfrentem o mesmo acontecimento, não fazem a mesma experiência. O acontecimento é comum, mas a experiência é para cada qual sua, singular e de alguma maneira impossível de ser repetida.*
>
> Jorge Larossa

Antes de iniciar de forma contínua o relato de minha experiência, uma vez que recebi o convite para apresentá-la em um grupo de estudos da Sociedade Brasileira de Psicanálise de São Paulo, gostaria de escrever de forma breve sobre as aproximações que entendo existir entre a concepção de ensino e de aprendizagem que sustenta o meu fazer profissional e o conhecimento advindo da psicanálise.

1 Trabalho apresentado no grupo de estudos "Clínica do Des-amparo e a mente do analista", da SBPSP – Sociedade Brasileira de Psicanálise de São Paulo, no dia 27 de junho de 2020.

Minha prática pedagógica, desde a época da sala de aula até meu trabalho atual como coordenadora pedagógica e formadora de professores, está fundamentada na *concepção construtivista de ensino e de aprendizagem*. Entretanto, ao longo de minha prática como educadora, encontrei na Psicanálise conhecimentos que me ajudam a olhar para o sujeito-aluno, para o sujeito-professor e também para os pais das crianças que frequentam a escola.

Destaco a seguir três aproximações que identifico entre o construtivismo e a psicanálise que ajudam a nutrir o meu fazer pedagógico: a importância dos *processos individuais* em vez do foco no produto ("como" os sujeitos se apresentam em relação aos seus saberes, tanto seus *objetos de conhecimento*, na escola, como *sobre si mesmos*, na clínica); as *construções realizadas pelo sujeito* (ampliação do conhecimento sobre o *objeto de ensino*, no caso do construtivismo, e sobre o *próprio sujeito*, no caso da psicanálise); e a importância das *ações/experiências realizadas pelo sujeito* (*ação/operação mental*, no construtivismo, e *experiências emocionais*, na psicanálise). Percebo que estas maneiras de conceber e olhar para o sujeito que aprende, auxiliam o professor/educador na sua prática e "conversam", se complementam, em muitos aspectos. Por isso, sigo somando experiências significativas, de estudo e de prática, com os saberes provenientes da educação e da psicanálise.

Este trabalho apresenta um pouco da experiência vivida em uma escola particular, localizada na cidade de Santos – SP. A escola atende crianças nos segmentos da Educação Infantil até o Ensino Médio, e recebeu no mês de março de 2020 um desafio, assim como milhares de educadores espalhados pelo mundo também receberam: levar a escola e o processo de ensino e de aprendizagem para o modo remoto devido à pandemia do coronavírus.

Tanto eu, como coordenadora, como a equipe de professoras que trabalham com as crianças que têm entre 2 e 6 anos de idade apresentamos, em relação a esta pandemia que nos surpreendeu, uma espécie de *negação*, pois não admitimos, em um primeiro momento, ter que lidar com a realidade que se apresentava a todas nós. Levar a escola à distância era para a equipe algo inalcançável, inadmissível... principalmente para quem trabalha com as crianças que estão na primeira infância. Para nós, que concebemos o processo de aprendizagem como uma construção do sujeito que aprende, oferecer uma escola distante não foi tarefa simples, e ainda não está sendo (pois ainda estamos no caminho).

A escola em que acreditamos é a escola presencial, uma escola onde existe relação direta entre todos os sujeitos que a integram e onde articulamos os saberes e as experiências das crianças com o patrimônio que a humanidade sistematizou. Nossa situação perfeita, nosso cenário ideal para que as aprendizagens aconteçam, é garantir uma escola onde todos possam se encontrar, onde as crianças possam participar de uma jornada e de propostas pensadas para elas, com seus pares e professores próximos, em um ambiente coletivo, com olhar e com escuta. Toda essa paisagem é extremamente validada por nós, e justamente por não vermos, inicialmente, uma saída possível, sentimos a nossa zona de conforto abalada. Pensamos: como apresentar uma escola à distância e ao mesmo tempo considerar o modo de aprender das crianças, principalmente das crianças pequenas? Como pensar esse período de distanciamento que não será curto? Como tornar esse momento o mais próximo possível, apesar de estarmos nos encontrando por meio das telas? Como auxiliar as famílias nesta nova parceria que a pandemia nos coloca?

Depois de muitas reuniões, reflexões, trocas e ideias entre eu e as professoras – processo obviamente acompanhado por inúmeras incertezas, receios, angústias – começamos a desenhar/construir juntas um possível trabalho pedagógico para chegar à casa das crianças, trabalho que sofreu ao longo do tempo inúmeras modificações a partir das experiências infindáveis e totalmente inéditas que passamos a colecionar desde o dia 23 de março de 2020 – o dia que inauguramos a escola nesse novo formato. Logicamente, antes de tudo iniciar, enviamos às famílias muitos comunicados e informes na tentativa de cercar todos os detalhes visíveis para nós. Mais do que nunca, precisávamos dividir muitas das nossas intenções com os pais das crianças; uma vez que as crianças pequenas não possuem ainda a autonomia necessária para realizar as propostas em casa sem a ajuda de um adulto, eles seriam a nossa "ponte" imprescindível, ainda mais naquele momento.

Perder a totalidade da nossa interação com as crianças nesta época também nos angustiou. Como olhar para as crianças e perceber suas necessidades de aprendizagem estando longe delas? Como dosar os desafios das propostas planejadas? Como ajustar nossos encaminhamentos e nossas intervenções à distância, uma vez que fazemos isso a partir das respostas e sinais genuínos que as crianças nos oferecem a todo instante quando estamos próximas a elas? Como garantir o espaço do erro, tão essencial para nós no processo de ensinar e aprender, estando as crianças perto dos pais (já que imaginávamos que a tentação em fazer o filho "acertar sempre" estaria presente)? Como garantir que as crianças pudessem ser quem elas são em relação ao seu modo de sentir/pensar durante a realização das propostas e colocar as suas hipóteses em jogo, recebendo ao mesmo tempo um certo tipo de encaminhamento dos familiares?

Todas essas aflições ainda rodeiam o nosso fazer pedagógico, entretanto sabemos que temos que lidar com elas para seguir com a escola de forma remota e que precisamos ter esta clareza para, ao mesmo tempo, fazer o manejo do possível. É necessário também compreender que os pais neste momento não podem, e nem devem, receber a "missão" de serem os pedagogos, pois as famílias estabelecem uma relação de natureza não pedagógica e, neste sentido, isso implica uma série de situações que sabemos não serem as mais ideais,[2] mas são as possíveis para esta fase da nossa história.

A construção do trabalho pedagógico na pandemia

Para levar o ensino de forma não presencial, a equipe precisou construir em pouco tempo uma escola com um modelo de interação remota. Para o segmento que trabalha com as crianças da Educação Infantil, volto a dizer que esta tarefa foi especialmente desafiadora, mas os primeiros caminhos foram surgindo a partir do trabalho intenso de todos os educadores envolvidos e também a partir de muitas trocas com profissionais da educação de várias partes de São Paulo, do Brasil e também de outros países. Posso afirmar que, na minha área de atuação e com os profissionais que tenho contato, sempre pudemos contar com um grande movimento de troca e construção coletiva, mas confesso que senti algo ainda maior neste período de distanciamento social, pois esse movimento com o qual já estamos acostumados foi enormemente ampliado. Uma vez que muitos educadores estavam totalmente "online", a quantidade de *lives*, cursos, palestras, reuniões e mensagens cresceu muito. Todos com a única preocupação de pensar juntos e construir uma escola possível para este tempo imprevisível que se instalou na vida profissional (e pessoal) de todos.

---

2 Aqui nos referimos às situações que sabemos que podem "nascer" em casa na presença dos pais que, aflitos com a falta da escola presencial na vida dos filhos, acabam oferecendo caminhos nem sempre produtivos ou que comungam com a proposta pedagógica da escola.

A partir da troca e do conhecimento que eu, como coordenadora, busquei para auxiliar a equipe com a qual trabalho e as crianças da escola, percebi que o principal caminho no qual deveríamos apostar e seguir era o da manutenção dos vínculos, sempre tão importantes para nós! Não poderíamos deixar a escola desaparecer da vida das crianças, apesar de estarmos em um formato jamais imaginado por nós. Foi então que, passado aquele primeiro momento de negar a realidade, começamos a conceber as primeiras estratégias de trabalho pedagógico e a oferecer às crianças situações de aprendizagem possíveis.

Para levar a escola para dentro da casa das crianças, revisitamos (e desta vez com um olhar ainda mais apurado) os princípios e valores do nosso projeto educacional no intuito de não entregar algo que não éramos como escola presencial. Não podíamos correr o risco de alterar a nossa prática pedagógica só por estarmos no modo remoto; não podíamos entregar uma escola que não acreditávamos só para cumprir exigências ou ceder às pressões (pois estas também vieram de variados lugares). Nossa certeza maior, e porque não dizer a única que tínhamos desde o início: não iríamos entregar às famílias uma escola falsa!

Mas o que significa não entregar uma escola falsa? Consistia em planejar e desenhar propostas fundadas nas teorias que sustentam o nosso fazer pedagógico e ancorar nossas decisões nos princípios que para nós são tão caros. Precisávamos levar até as crianças um modo de aprender que seria diferente, mas deveríamos continuar com a premissa de que na Educação Infantil as crianças aprendem e produzem conhecimento a partir da sua própria experiência no mundo – segundo Dewey,[3] a criança constrói

---

3 John Dewey (1859-1952), filósofo norte-americano. Escreveu sobre filosofia e educação, além de arte, religião, moral, teoria do conhecimento, psicologia e política. Seu interesse por pedagogia nasceu da observação de que a escola

sentido a partir dos seus vínculos práticos e emocionais. Paulo Fochi[4] (2019) defende que a criança "pega" tudo o que tem e o coloca em tudo com o que está se relacionando. Ela vai entender e ajustar a partir da sua relação com o mundo e não sentada em uma cadeira com alguém apresentando um processo de repetição, respondendo aos "pedidos" de um adulto – ela vai e precisa construir por si mesma.

E é neste ponto que entra a escola que defendemos e a que pretendemos continuar levando até a casa das crianças. Acreditamos que o espaço escolar é um espaço social com uma função extremamente importante, não só para instrução, mas também para a formação humana, pois ela é, como defendem Peter Moss[5] e Alan Pence (2019), um lugar de encontros. Lugar onde crianças e adultos, alunos e educadores, se relacionam com seus pares, com os outros, com o mundo. A tarefa de ensinar, ou melhor dizendo, de propor contextos e experiências significativas, principalmente no segmento da Educação Infantil, não funciona com instrução de fora para dentro. A construção do conhecimento se dá na relação de um sujeito predisposto a aprender sobre algo, sobre o mundo (relação do seu mundo interno com o mundo externo), mas que precisa de mediação atenta e boas condições, que não podem ser pobres e que

---

de seu tempo continuava, em grande parte, orientada por valores tradicionais, e não havia incorporado as descobertas da psicologia, nem acompanhado os avanços políticos e sociais. Fiel à causa democrática, participou de vários movimentos sociais. Criou uma universidade-exílio para acolher estudantes perseguidos em países de regime totalitário. Morreu em 1952, aos 93 anos.

4 Paulo Fochi, pedagogo, especialista em Educação Infantil pela Unisinos, mestre e doutor em Educação pela USP. É professor da Unisinos e coordena o Observatório da Cultura Infantil (OBECI). Também foi consultor na Base Nacional Comum Curricular da Educação Infantil.

5 Peter Moss, pesquisador do Thomas Coram Research Unit e professor da área de Provisão da Primeira Infância, do Institute of Education, University of London, Reino Unido.

precisam necessariamente dar abertura para o mundo interno das crianças. O perigo de não promover boas condições de aprendizagem é empobrecer a curiosidade e o desejo de aprender.

O espaço para vínculos importantes

Depois de muitos estudos, trocas e reflexões com outros educadores e dentro da própria equipe, e depois de vencerem também o receio e os inúmeros desafios para lidar com a tecnologia, as professoras iniciaram uma fase em que puderam estar mais confiantes sobre o caminho a seguir. Inauguramos então o envio semanal de uma coletânea de propostas e logo em seguida os encontros síncronos com as crianças. Procuramos então, depois da escolha destas duas estratégias, levar até elas as situações didáticas que já faziam parte da jornada escolar presencial, para que de certa forma, pudessem recorrer à memória, recordar e estabelecer relações com os momentos vividos presencialmente a partir do tempo que estivemos juntos.

Na escola, as crianças têm contato com uma prática pedagógica que procura apresentar situações de aprendizagem com significado, que estabelecem relação com os contextos sociais, presentes fora da escola, na vida de cada um. Não oferecemos cenários descontextualizados, que "não dizem nada" para as crianças pequenas, mas situações em que elas conseguem estabelecer relações, levantar conhecimentos prévios sobre determinado assunto, que possam pensar por si mesmas, narrar, explicar, opinar, experimentar, entre outras ações. Sendo assim, uma vez que as propostas enviadas para casa possuem relação com o que costumam fazer na escola e com as práticas sociais, essas também conseguem estabelecer ligação rápida com aquilo que as crianças também podem fazer em casa – mudam-se os contextos, mas não muda o nosso propósito educativo.[6] Há muito mais para se aprender na ponte escola-sociedade/escola-família do que estamos acostumados a enxergar.

Nesta fase da construção do trabalho, estávamos de certa forma garantindo duas vertentes que para nós são imprescindíveis: a relação com as propostas didáticas que as crianças já estão acostumadas, conhecem e participam com motivação e o vínculo com os colegas e professores, durante as conversas nos encontros online.

Sessão Simultânea de Leitura: um espaço para o vínculo, o sentir/pensar e a leitura literária

Colocarei agora uma lupa no trabalho realizado por nós até o presente momento para dar ênfase e poder compartilhar a situação didática que nos motivou e que nos impulsionou a iniciar os encontros síncronos. Foi por meio desta proposta, a Sessão Simultânea de Leitura, que realizamos habitualmente no modo presencial, que pudemos garantir o primeiro encontro virtual entre as crianças de um mesmo grupo, entre as crianças e sua professora e também o encontro com um objeto que os pequeninos têm bastante intimidade, uma vez que convivem diariamente com ele nas classes da Educação Infantil: o livro, em especial, os livros de literatura!

---

6 Por exemplo: se na escola as crianças contam os pincéis para serem entregues aos colegas durante uma atividade de pintura, em casa podemos criar um contexto em que elas precisem contar quantos copos são necessários para todos da casa tomarem café, ou os ingredientes necessários para se preparar uma receita sugerida pela professora. Se na escola as crianças observam a professora durante a escrita de uma lista de personagens de histórias conhecidos, em casa podem participar da escrita de uma lista com os itens para a compra no supermercado ou lista com os afazeres diários da família durante aquele dia ou durante a semana; além disso, podem ouvir histórias preferidas, ouvir música, sentar-se para ver um álbum de família e conversar sobre o que viveram etc.

A Sessão Simultânea de Leitura[7] é uma proposta didática que se insere dentro das situações habituais de leitura literária por parte do professor, mas com uma variante: todos os docentes da Educação Infantil, no mesmo momento, leem um conto para as crianças de distintas salas e idades; as crianças conversam sobre a leitura, trocam interpretações acerca das obras e logo recomendam oralmente os contos escutados para os companheiros de sua sala habitual. Como as sessões se repetem no dia ou na semana seguinte, as crianças têm a oportunidade de eleger uma nova obra na próxima sessão. Se forma assim um espaço público de leitura e intercâmbio, uma comunidade de interpretação, onde os pequenos vão construindo referências compartilhadas ao falarem juntos sobre os mesmos livros.

Além de ser uma proposta que faz parte da rotina da escola presencial, e por sinal muito querida e esperada pelas crianças, decidimos iniciar o estabelecimento do nosso vínculo virtual por meio da literatura e da conversa literária por alguns motivos: por ser uma experiência narrativa que possibilita o contato com diversas emoções e sentimentos (das crianças e seus professores), por acreditarmos que ela possibilita um espaço potente para a imaginação, para pensar sobre a própria existência, para ajudar a suportar experiências ruins e boas, construir a própria leitura de mundo, reconhecer que o mundo é maior e diverso, por auxiliar na construção dos processos de singularização e por ser um espaço fecundo de produção simbólica.

Quando lemos um livro de literatura para as crianças, nossa intenção pedagógica é criar um espaço para que elas possam ler o

---

7 Proyecto Acompañamiento a la Enseñanza en los Jardines de Infantes para fortalecer la implementación curricular en prácticas del lenguaje - Subsecretaría de Educación. Dirección Provincial de Educación Inicial - Buenos Aires, Argentina.

texto (leitura feita por indicação do professor, já que ainda não são leitoras convencionais) e ler as imagens/ilustrações, mas principalmente que possam ter um lugar de fala e de escuta garantidos. E assim, ler é abrir possibilidades para que as crianças sintam, pensem e construam sentidos possíveis para a história a partir do seu ponto de vista, das suas experiências e impressões. Ao ler um livro, o professor não fecha sentidos e significados, mas encaminha uma conversa literária garantindo um espaço para que as crianças construam a sua leitura, para que façam a sua interpretação, para que tomem a palavra, troquem, discordem e silenciem, partindo tanto das suas reflexões individuais como das outras tantas leituras feitas e compartilhadas pelas outras crianças. Nesse sentido, a leitura de cada um vai sendo ampliada pela leitura do outro, ressignificada, formando novas camadas de sentido – o que difere totalmente de um viés de acúmulo sem reflexão. Esta experiência nos confirma ainda mais a necessidade de mantermos este vínculo (mesmo à distância), pois sabemos que precisamos continuar a oferecer um espaço em que as crianças tenham a sua voz garantida.

> *Escutar, assim como ler, tem que ver, porém, com a vontade e com a disposição para aceitar e apreciar a palavra dos outros em toda sua complexidade, isto é, não só aquilo que esperamos, que nos tranquiliza ou coincide com nossos sentidos, mas também o que diverge de nossas interpretações ou visões de mundo.(...) Construir significados com outros sem precisar concluí-los é condição fundamental da escuta, e isso supõe a consciência de que a construção de sentidos nunca é um ato meramente individual. (Bajour, 2012, pp. 24-25)*

Para lermos verdadeiramente com o outro, necessita-se escuta atenta, com abertura e disponibilidade para receber e conhecer outras visões de mundo e pressupõe-se um interesse genuíno de abrir-se para o outro. Ler, desta forma que defendemos, significa atuar no mundo a partir da minha construção legítima, que nasce do meu encontro com outras pessoas que me afetam. Na escola, seja no modo presencial ou no modo remoto, precisamos apostar e confiar nos encontros.

Além de toda intenção pedagógica que sustenta o ato de ler livros de literatura para as crianças pequenas, apostamos que esta também é uma boa estratégia para conseguirmos criar neste momento uma reserva emocional e criativa para o reencontro que teremos quando voltarmos. O retorno será novo e diferente e também precisará contar com uma mobilização inédita. Muitos educadores já concluíram, a partir desta experiência que vivemos, que a escola, mais do que nunca, precisará ser reinventada. Teremos que encontrar tempo e espaço para pensar: o que fica do período remoto? O que do antigo período presencial precisa ir embora?

Com muito ainda a ser pensado, concluo este relato com a certeza que já somos educadores diferentes e que, ao vivermos esse período de distanciamento social, encontramos caminhos criativos para continuar com a nossa escola da maneira que nos foi possível. Entretanto, todo esse aprendizado precisará também ser acomodado e "digerido" por toda a equipe para que possamos devolvê-lo na forma de novas construções.

Termino com um texto escrito por Madalena Freire, filha do Educador brasileiro Paulo Freire, que tanto inspira os profissionais da Educação!

> ***REINVENÇÃO***
> Madalena Freire
>
> *Os tempos de hoje*

nos exigem reconstrução,
reinvenção de nós mesmos.

Os tempos de hoje
nos colocam diante
do dilema da existência humana:
Vida e Morte,
que acordam e dormem,
todo dia, na mesma cama.

Os tempos de hoje
exigem a obrigatoriedade de sermos melhores,
a cada dia melhores que no dia anterior.
Por isso mesmo é preciso
viver um dia de cada vez.

Os tempos de hoje
nos expõem em carne viva diante
do miudinho do cotidiano, clamando
por empatia e compaixão.

Os tempos de hoje
nos empurram na busca
da ajuda do outro, na
dependência dessa ajuda.
Só podemos ser nós mesmos
mediados pela fala e escrita
do outro, pontes
que nos levam até
nossas profundezas.

Os tempos de hoje

escancaram nossas fragilidades,
nossas vulnerabilidades, a pequenez do milímetro grão
que realmente somos.

Os tempos de hoje
nos lançam na procura
da linguagem da arte,
porque só a arte
conversa, alimenta,
ilumina, acata,
acalma, acolhe
nossa luz, nossa alma.

Os tempos de hoje
nos lançam na busca
do oxigênio de nossas vidas
de ensinantes, aprendizes,
estudantes permanentes,
que é o conhecimento... .
(Freire et al., 1996, p.15)

Referências

Bajour, C. (2012). *Ouvir nas entrelinhas: o valor da escuta nas práticas de leitura*. São Paulo: Pulo do Gato.

Dewey, J.(2010). *Experiência e educação*. São Paulo: Vozes.

Fochi, P. (2019). *Mini-histórias: rapsódias da vida cotidiana nas escolas do observatório da cultura infantil* – OBECI. Porto Alegre: Paulo Fochi Estudos Pedagógicos.

Freire, M.; Camargo, F.; Davini, J.; Martins, M. C. (1996) *Observação, registro, reflexão* – Instrumentos metodológicos I. São Paulo: Espaço Pedagógico.

Freud, S. (1995). Trad. Osmyr Gabbi Jr. Rio de Janeiro: Imago.

Larrosa, J. (2002). Notas sobre a experiência e o saber de experiência. *Revista Brasileira de Educação*, Rio de Janeiro: ANPEd; Campinas: Autores Associados, 12.

Macedo, L. de, & Assis, B. A. de. (2002). *Psicanálise e pedagogia.* São Paulo: Casa do Psicólogo.

Molinari, C. (2012). *Situación didáctica Sesiones simultáneas de lectura*. Documento de trabajo. Proyectos coordinados de Formación Continua DPEI y DFC. Buenos Aires: DGCyE.

Moss, P.; Pence, A. (2019). *Qualidade na educação da primeira infância: perspectivas pós-modernas*. São Paulo: Penso.

Onrubia, J. (1999). Ensinar: criar zonas de desenvolvimento proximal e nelas intervir. In César Coll (Org.), *O construtivismo na sala de aula*. São Paulo: Ática.

2. Adolescentes no inferno: pandemia precipitando fragilidades

Alceu Casseb

Esses moços, pobres moços ...
Se eles julgam que há um lindo futuro
Só o amor nesta vida conduz
Saibam que deixam o céu por ser escuro
E vão ao inferno à procura de luz

Lupicínio Rodrigues

Introdução

Dante Alighieri nasceu em Florença, Itália, por volta de 25 de maio de 1265. Filho de Alighieri e Bella, importante família de origem aristocrática, ficou órfão de mãe ainda menino. Apaixonou-se por Beatrice, também de nove anos, e fizeram juras de amor e projetos para o futuro, mas seu pai tinha outros planos para o filho. No dia 9 de fevereiro de 1277, por decisão de seu pai, Dante casou-se com Gemma Donati, filha de ricos aristocratas, que lhe entrega um grande dote. Por terem apenas 12 anos de idade, só passarão a viver juntos quando saírem da adolescência. Seu casamento só se concretizou em 1285. A ela e aos quatro filhos do casal Dante jamais se referiu em todos os seus escritos. Seu espírito esteve sempre voltado para Beatrice, que morreu precocemente em 1290. Em 1292, Dante conclui a obra *La Vita Nuova*, uma coletânea de poemas dedicados a Beatrice, quando descreve seu amor profundamente espiritualista. No capítulo III aparece o Amor, personificado, radiante de alegria, e sussurra ao ouvido de Dante: "Sou teu senhor". Tem nos braços Beatriz adormecida, envolta em tênue véu cor de sangue. O último soneto do livro mostra Beatriz iluminada, habitante das glórias do paraíso. Concluindo, promete dizer de Beatriz "o que jamais disse de mulher alguma". E cumpriu a promessa na *Divina Comédia*. Dante Alighieri voltou-se para a política, militando ao lado dos guelfos moderados, os chamados "brancos", contrários às ambições do papado de dominar Florença. Chegou a ser conselheiro e membro do Colégio dos Priores, onde desempenhou funções de destaque. Em janeiro de 1302, os moderados foram derrotados e Dante foi acusado de corrução no desempenho de cargo público e condenado a pagar pesada multa. No dia 10 de março a sentença foi modificada e Dante seria queimado vivo se ficasse em Florença. A partir de então, Dante começou o longo exílio, a fase mais triste, porém mais fecunda de sua vida. Em busca de hospitalidade e de proteção, estabeleceu-se em Verona na corte do Cangrande della Scala, e depois em Bolonha, onde permaneceu entre 1304 e 1306. Com a expulsão dos exilados de Bolonha, Dante começou nova peregrinação por terras italianas. Durante o exílio, começou a escrever a *Divina comédia*, sua obra-prima, que tem a forma de um poema épico, mas não é uma epopeia, pois lhe falta a narração de um enredo coerente e a objetividade. Em 1317, a primeira parte de sua obra já era conhecida pelo público. A segunda parte foi publicada em 1319 e a terceira após sua morte. Foi inicialmente denominada *Comédia*, e mais tarde qualificada pelo poeta Boccaccio, de "Divina".

Inferno da pandemia e a condenação: sem crime, mas com castigo

O Inferno é representado como um vale profundo em forma de funil. É formado de círculos que vão se estreitando, à medida que cresce a gravidade das penas dos condenados. As imagens vistas por Dante tornam-se cada vez mais sombrias ao passo que desce ao vale infernal.

O vale infernal atualizado se apresenta por sonhos da latência tumultuada, obediência aos pais sentida como estupida, contestação dentro de pseudo lutas políticas, insatisfações sem objeto, o inferno pessoal se caracteriza por uma busca incessante por oxigênio. Uma situação genérica que utilizo como analogia para observar o pano de fundo que subjaz no psiquismo dos jovens nos tempos de isolamento sanitário.

Na clínica tenho vivido as dores e o decorrente suplício junto a esses jovens "condenados" ao isolamento, à intimidade e à superação de seus conteúdos internos.

Dante vivia em um tempo em que a felicidade estava sendo advogada pela proximidade com Deus, pela obediência institucional e pela busca das virtudes que aproximavam o homem de Deus, como podemos ver no livro de Thomas Mann, *O eleito*.

A pandemia, que gerou esse isolamento forçado, sentido como injusto, envolto em revolta apaixonada, também expõe um mundo interno dolorido, repleto de sentimentos violentos, incompreensões e sujeições. Somos seres que aprendem muito cedo a evitar frustrações, quer negando-as quer evitando senti-las. Um jovem frustrado busca adaptações que também caracterizam a adolescência. Dante procurou lidar com seu exílio criando um inferno imaginário, uma fabula/crença que pudesse dar conta de sua dor;

isolado, construiu uma elaboração onírica-literária. Propôs companhia para sua solidão, Virgílio. Possivelmente no papel de seu analista.

Os confrontos

Sabemos por diversos autores que o que é mais típico da adolescência é a inconstância. O ser humano sofre uma avalanche de metamorfoses e tem seu mundo conhecido virado do avesso. Vai ver essa (re)evolução com a criação de enredos encenados no que se apresenta como situação. Espelha seu maior ou menor equipamento expressivo, mas a vivência é intensa, mesmo quando silenciosa. Trazem elementos das infâncias, sentimentos e conglomerados de (des)organizações emocionais em busca de restituição de estados internos excitantes, energéticos, inspiradores, algo que precisa de uma forma ou de outra impulsioná-los para as experiências e enfrentar seus fantasmas recriados na realidade oscilante e surpreendente.

Neste ensaio, vou me limitar a discutir minha clínica, ou seja, os jovens que estão sofrendo ou que fazem sofrer. Não pretendo gerar um "saber" sobre a pandemia, nem me perder na tarefa sociológica que nos distancia do trabalho dentro da sala de análise. Esses jovens estão sofrendo: são estados patológicos, no sentido grego do termo *páthos*, ou seja, das paixões que rechaçam as realidades.

Assim como Dante – condenado por conchaves políticos, confinado em Mantova, sem poder desfrutar da liberdade; casado por interesse dos pais, sonhando com sua distante Beatriz –, estão estes jovens tendo que lidar com obstruções semelhantes. A analogia indica muitos caminhos. Vou me referir apenas ao estado de sofrimento dado por terrores, pelo tempo que não passa, pela esperança que ficou do lado de fora do inferno, antes da pandemia.

A impossibilidade de desfrutar a comunidade adolescente precipita elementos perturbadores. Assim como o inferno para Dante não se configura como causa, o inferno do adolescente se inicia com a obstrução do convívio com seu grupo, que é sentido como uma condenação sem crime.

Fragilidade da homeostase corpo-mente

A Pandemia Emocional precipitadora dos *actings* violentos se instala como a Pandemia Viral. Um contágio psíquico acidental descompensa outra instância sã da mente, e assim a cadeia explosiva se forma. As vivências vão se instalando progressivamente, inadvertidamente, e como uma surpresa eclode como um tsunami, cujo deslocamento das placas tectônicas deu-se a quilômetros, ou há horas (tempo) de onde ocorre a inundação. São fatos novos desestabilizadores, fatos emocionais que encontram uma personalidade fragilizada, humanamente fragilizada. A saída da latência implica deparar-se com vivencias das DES: des-construções, des-ilusões, des-confiança, enfim, a (re)instalação da revolta, do conflito, das mentiras, como nos ensina Balzac (1978). Quando o jovem constituiu um equipamento para o confronto, utiliza os sentimentos de des-amor como gasolina para lidar com tais situações carregadas de des-conforto (cf. Coringa, 2019). Aprisionados e distantes de seus instrumentos reguladores, maconha, álcool, sexo, violências, deboches, os jovens aproximam-se da dinâmica homicida (Foucault, 1976) como fonte energética de seus anseios por notoriedade, força e existência. Surge nestes jovens repentes de idealização na formação de par (Shakespeare, 2003) mesmo com a frustração presente pela interdição. Interdição imposta pela pandemia, representante óbvio da lei paterna. Nestas condições, a experiência de perda, a estigmatização alucinada e a busca por identidade são elementos explosivos (Polanski, 1976). Nos deparamos com síndromes des-absortivas da mente como aparelho digestivo. A restrição oriunda do isolamento faz aflorar a falta de latas de lixo psíquico, necessárias, na adolescência de terem sustentação constante. Na pandemia des-equilibram estes jovens que já estavam na corda banda. Assim como o vírus biológico que toma o corpo daqueles com condições pré-mórbidas, o vírus psíquico também se prolifera ao encontrar condições de tomar toda a vida do indivíduo.

O processo infeccioso

Com a falta de recursos para lidar com fatos novos e criar condições para vir a constituir uma fronteira entre interno e externo, ou seja, vir a sonhar mais que alucinar, o aparelho sonhador irá, invariavelmente, operar com marcantes deficiências. Não podemos ter a pretensão de eliminar os "estragos" provenientes do novo. Não podemos contar com instrumentos que não foram constituídos. O aparelho psíquico precisa de instrumentos novos, de novas perspectivas, como na infestação viral. A epidemiologia conhecida não deu conta do Novo Vírus. A microbiologia teve que se curvar a seu pouco desenvolvimento em virologia. A fisiopatologia teve que se reformular. O mundo dos "investigadores da saúde" se renderam a um "não saber" amplo e frustrante. Ao ter que lidar com esse *terrível novo* as pessoas perdem a motivação, perdem ilusões de conquistas e são obrigadas a se voltar para uma nova e precária instrumentação. Pseudorresoluções são advogadas, o mundo da mentira toma formatos anti-humanidade, qualquer coisa, qualquer solução? Surgem as cloroquinas, os antivirais, os antivermes que são convocados para se livrar da ignorância de ter que buscar o saber, procuram reduzir a dor da verdade do pouco saber. Soluções conhecidas dificilmente servem para problemas novos e complexos.

A demanda por um "novo instrumental" vai sendo imposta pela progressiva relação com a percepção do não saber, urge a necessidade da "capacidade negativa".[1] Sendo o "fato novo" impositivo, persistente e demandante, e na impossibilidade de vir a desenvolver novos recursos, resta regredir, "primitivizar" – Tânatos.

Pandemia psíquica: inferno

> *... anuncia-se o rei do Inferno, Lúcifer, que surge do gelo, no centro da Terra, agitando um gélido vento com suas enormes seis asas. Ele tem três caras, uma amarelenta, outra preta e vermelha a da frente, simbolizando respectivamente a impotência, a ignorância e o ódio...*[2]
>
> Dante Alighieri,1998,p.225

Tenho sido procurado em regime de urgência. Observando as situações, sinto uma explosão de sofrimentos muitas vezes sem condições de serem sentidos. O desespero é intensamente transmitido, a queixa da família e do adolescente não é racional, mas a procura por tratamento é plenamente justificada. Como analistas oferecemos um espaço para investigar os processos emocionais e, quando uma relação se forma, procuramos trabalhá-los. São jovens com muitos recursos que chegam até nós. Recursos de todas as ordens. Lamentamos a outra fatia de nossa gente, muito mais numerosa, que não é escutada e que igualmente sofre.

---

1 Termos cunhados pelo poeta inglês John Keats em uma carta para seu irmão, denota a capacidade de poder conter o não saber, tolera não compreender, não se livrar da situação de perda da onisciência.

2 Introdução ao Canto XXXIV. In D. Alighieri, *A divina comédia: inferno*. São Paulo: Editora 34, 1998.

Tomando a pandemia como um inferno particular, tendo o vírus/isolamento/intimidade como o “fato novo” desencadeador de sofrimento, faço uma analogia com os círculos do inferno de Dante.

Círculo dos Estados Psíquicos Prévios

Trato a pandemia, leia-se isolamento carregado de conglomerados emocionais dramáticos, como um fator intensamente desencadeador destas condições que estamos tentando escutar. A situação tem sido mais dramática quando da vigência prévia destas condições, os círculos das “condenações”:

[1] **Estado regido por ansiedades de extinção**: Uma condição retratada como uma consequência de nosso tempo. Quase como um subproduto da “loucura do cotidiano”. Aprisiona o indivíduo com sensações generalizadas, e cada vez mais realistas, de desesperança em relação ao futuro. Cria uma vivência grupal de terror quando é exacerbada pela insistente demonstração da potencial extinção da humanidade, ou da família, da realização pessoal pelo caminho profissional ou do grupo de valores culturais assimétricos. Gera sentimento de desespero e impotência. Está presente como argumento que “autoriza” o terrorismo, artificialmente absolvendo e dando “sentido” a suas ações que ocultam elementos psíquicos primitivos, tornando as vítimas eleitas como substitutos de figuras odiadas. Serve de pano de fundo para instalar nas situações, na tentativa de restituir onipotência se serve da conhecida estratégia que transforma sentimentos difíceis em dramas violentos, buscando se livrar do mal-estar.

A ansiedade de extinção funciona ativando a relação intrapsíquica com objetos parciais deformados, e carregados de vínculos destrutivos que são as fontes simétricas para sobreposição catastrófica. Os vínculos de ódio provenientes desses objetos parciais podem forjar ora uma quase racional "limpeza" intolerante, radical e fanatizada, ora explosões internas e ou externas da saturação psíquica gerada pela impossibilidade de pensar o pensamento "extinção" em busca de um pensador. O conflito se estende do embate narcisismo x socialismo,[3] ou seja, eu ou o outro, para soluções pseudo-resolutivas. Na pandemia da Covid-19 as limitações espaciais, confinamento + proibição do encontro corporal (perigo do que advém da respiração do outro – psique = sopro de vida) criam internamente um "terrorista ameaçado e ameaçador", aparentemente seguro de si na "verdade narcisista com pseudo discurso socialista". Ele dizia insistentemente:

> *... é um saco ir visitar meus avós ... um cerimonial sem fim de futilidades e falsidades ... eles se odeiam e ficam com aquele ar do politicamente correto, é irritante, exalam uma arrogância burra ... ainda bem que não posso mais visitá-los ... não quero vir a sentir-me culpado por ter facilitado a morte deles [nem ter que sentir que deseja esse fato].*

[2] **Estados regidos pelo terror homicida:** A mente primordial[4] trabalha com necessidades imperativas sem elementos capacitados de produzir sonhos. Nascemos completamente dependentes e por isso nossa formação inicial se dá pela busca intensa por sobrevivência. O desenvolvimento da

3 Socialismo não no sentido político ideológico, mas como preocupação coletiva.

4 Concepção de Bion, ampliada por Meltzer, em seu livro *Studies in extended metapsychology* (1986).

mente é essencial para esse fim, assim como a sustentação do Eu (narcisismo de vida). Há uma progressiva demanda por elementos que possam gerar algum sonhar (desenvolver função α; Bion, 1984), como frisei acima, subsídio indispensável para vir a pensar. Constituindo referenciais passionais polarizados, ou seja, com pouca função relacional, a mente destes jovens ficam sobrecarregadas de elementos ligados à frustração, as contraexperiências, ao ataque ao vir a pensar e a necessidade de imposição dos desejos ligados aos "des-montes". A frustração diante das perdas e a eclosão do latente não digerido facilitam o atacar a experiência com os recursos da mente primitiva desaparelhando ainda mais o jovem a vir a pensar. A experiência é entendida aqui como os recursos vividos e assimilados que induzem soluções mais que a evasão da frustração. O jovem atacando seu pensar pode ser visto analogamente ao que vivemos com a Covid-19, onde a falta de uma solução para o conflito entre o econômico e o sanitário gerou uma tsunami de frustração com ataques confusionais em direção a todos os discordantes. Os vínculos de ódio por estarem saturados do conflito sem conciliação geram um pano de fundo para formações psíquicas homicidas/suicidas. São regressões que trazem uma metodologia conhecida para o funcionamento no modo da mente primordial onde a dinâmica inicial de vida ou morte é o centro coordenador das ações, eclodem os *actings* violentos, ou seja, ações sem pensar para sobreviver e não sofrer. Assim surge o "terror" de vir a ser um agente contaminador (forma de contenção) e ou o terror de ter procurado a morte contaminando-se (forma materialização autoagressiva – atmosfera β; Bion, 1984). Regredido, o jovem faz circular internamente suas vibrações de seu mundo homicida/suicida. A atitude de se tornar um guardião da vida com proibições policialescas, configura uma forte tentativa de conter o avanço das vivências homicidas. Ouvi algo assim:

> *Não posso sentir que existe em mim o desejo de matar, e para isso preciso de penitências, como as restrições, mas não basta, preciso também coibir os que não entendem isso.*

[3] **Estados regidos pelo terror da impotência**: No desenvolvimento humano, o indivíduo, em sua segunda década de vida, precisa constituir confiança própria. Precisa do grupo para testar empiricamente seus contornos e fronteiras internas. Nesse ínterim é que se estabelece o amor-próprio e a disponibilização do interesse para investir em metas regidas pelas identificações. Na adolescência acontece a derradeira oportunidade das construções, desconstruções e destruições das figuras internalizadas. O fim do ambiente protegido expõe o vínculo emocional com os objetos internos. O fato novo exige a disponibilização dos recursos tomados dos objetos (canibalização) acrescidos da ousadia e da capacidade para improvisações. A relação com o corpo sofre uma intensificação de sensações e perspectivas sem precedentes. O período de masturbação torna-se intenso, haverá necessidade de gerar outro tipo de relação com a sobrevivência, agora da linhagem. O luto em relação ao corpo infantil se acelera de tal maneira que as formações psíquicas não conseguem acompanhar. O luto em relação aos pais infantis tem momentos melancólicos, no qual a impotência diante do projeto de superpotência se torna uma experiência perturbadora repleta de incursões hostis à autoridade frustradora para fora, e/ou para dentro,

constituindo inibições e retraimento, ou uma rebeldia aparentemente sem causa.

Nestes três círculos, que podem se combinar, cujas fronteiras são obnubiladas, o adolescente sofre, muitas vezes, dores mentais que não podem ser sentidas, e são frequentemente comunicadas com o tradicional "*você não entende, não me entende, nunca se liga, 'tá ligado'*".

Os sentimentos – comunicação parcial – pathos

A vida vai passar pelo que o jovem julga daquilo que podem observar dos adultos. Destas comparações emergem sentimentos que se somam aos círculos citados:

- Um sentimento de *orfandade*, de *perda da ilusão de proteção*, uma necessidade de contestação por "liberdade". Na pandemia a convivência intensa com os pais intensifica as des-ilusões quanto à idealização cobrada desde o objeto interno. Os pais, muitas vezes também saturados, podem agravar o processo de perda das figuras infantis onipotentes, pois, catalisam as des-idealizações, disponibilizando, de forma regressiva, o uso da válvula de escape que se caracteriza pela necessidade de narcose. A maior dificuldade de conseguir beber em grupo, conseguir maconha e atuar a sexualidade gera um incremento no sentimento de orfandade por falta de um sistema contentor. Os jovens sentem-se órfãos do mundo, sem identidade e perspectivas. Facilmente repetem que "*tudo perdeu o sentido*".
- *Sentimento de restituição alucinada da onisciência* com exacerbação do senso crítico. Restrições e regras são facilmente sentidas como a frequente insuportável infantilização.

Na linguagem o critério do adolescente torna-se um disparador de ataques de ódio com potencial violência. Sabendo tudo por meio de visões parciais das interfaces das realidades internas e externas, demonstram elementos presentes da busca por identidade. Essa identidade requer em sua essência uma renovação Barreira de Contato [Bion[5]] que sofre alterações desde os estados de frustração e das novas condições corpo-mente-social que ocupa boa parte do encontro analítico. O jovem encontra nesse contexto suficiente "autorização interna" para se colocar em situações de risco. *"tudo vai acabar mesmo ... ligo o foda-se"*.

- *Sentimento de dúvida sobre as origens.* Com a crise de identidade emocional, utilização de uma barreira de contato inapropriada e repleta de rombos β, o jovem que está sofrendo necessita de uma referência substituta, procura filiação, ora messiânica, ora por acasalamento, dependência da comunidade adolescente, da mesma forma que Virgílio veio a ser a companhia essencial para Dante. Na adolescência a pouca capacidade para digerir paradoxos e frustrações nos torna vulneráveis a posições ideo-filosóficas apoiadas em fanatismo. Do vegetarianismo ao veganismo; do socialismo moreno (nutella) aos *black blocks*; de submeter-se ao líder, tornando-se um seguidor ao abraçar, como sinal de não subordinação, o suposto básico de luta ou fuga, recurso regredido que está contido na origem de nosso sucesso pela sobrevivência. Estando emocionalmente em conflito com a identidade, o jovem sente sua mente em ebulição. Faltam elementos α para a nova relação com o mundo. Um cenário de fundo que induz ao fanatismo homicida. O confinamento impõe o mesmo, não o conhecido, o intolerável, os estados prévios (círculos) intensificam esse processo, a

5 Bion, W.R. (1984). pp.17,21,27.

vivência de impotência pela restrição induz o adolescente a colocar mais força. O mundo torna-se muscular:

> *... aqueles que estão destinados, em última instância, a se revelar como pertencentes à classe da ação muscular (movimento físico em geral) e aqueles que estão destinados a se desenvolver de modo que sejam, em última análise, classificados como pertencentes aos reinos do pensamento.*[6] *(Bion, 1984, p. 29, tradução minha)*

A comunidade adolescente é essencial para a ampliação psíquica do jovem. Na falta de grupo não há assimilação de novos elementos, não acontecem comparações e "convencimentos" da existência, o aparelho para pensar fica prejudicado. Nesse ambiente do não poder vir a pensar, da transformação (projetiva) da frustração em violência, as ações superegoicas, organizacionais normativas, aumentam a vivência de um dia a dia sem fim, sem perspectivas de alívio, restando os ataques e evacuações. Desespero com perda da ternura. Formação de objetos bizarros, espécie de conglomerados (pseudo)onipotentes e ambivalentemente terroríficos. Características do inferno de Dante. A saturação e o "castigo" são sentidos como eternos, sem nenhuma perspectiva de expiação (*atonement* em Dante do século XIV), ou oscilação das posições em contextos (♀ ♂) de continente contido. O sofrimento é dessensibilizado, pois sente-se que durará pela eternidade.

Consideremos ainda o *manancial de energia não descarregada* no mundo muscular (esportes, nos encontros interpessoais, nas

---

6 "...those that are ultimately destined to reveal themselves as belonging to the class of muscular action (physical movement generally) and those that are destined to develop so that they are ultimately classified as pertaining to the realms of thought." (Bion, 1984, p. 29)

brigas, desavenças etc.). Estas "válvulas de equalização" precisam ser substituídas mesmo nos confinamentos. A opção doméstica na pandemia não favoreceu essa substituição. Frequentemente logrou algum êxito no início, com a artificial reconstituição dos poderes com a "(quase) onisciência com onipresença proporcionada pelo universo virtual", que observamos nos vídeos games e no dito sexo virtual. Recurso que acomoda a iniciativa e com maestria limita a mobilização de energia para construções na realidade do senso comum. Fato esse catalisado pelas ditas redes sociais com suas múltiplas opções de entretenimento narcisista. Soma-se a inicial sensação megalomaníaca ao pilotar a mesa de controle formada por computador, celular e tv, tudo ligado ao mesmo tempo. Reitero ao assinalar que é inicial porque com a limitação imposta e duradoura da falta da comunidade adolescente, essas sensações não mais "compensam" o que nunca foi muito compensado. Progressivamente essas formas de sustentação vão deixando de ser cultuadas, dando lugar ao estado moroso com desdenha dos cuidados. Des-compensando, o jovem mergulha nas indiferenças e na irritabilidade, abrindo caminho para *actings* violentos.

Sobre um pobre menino rico...

Vir a conhecer a mente de outra pessoa é como uma longa e delicada peça sinfônica. Tem ritmo (intimidade), sentido abstrato (sentir/sonhar), movimentos (dinâmica), precisa de harmonia (encontrar integrações) e melodia (pontos que se relacionam em busca de sentido). Procuramos, eu e Luan, a musicalidade emocional em meio ao caos. Vou tentar expor algumas memórias para ilustrar algumas das ideias que apresentei anteriormente. Espero não ser escolástico, sinto-me sempre devedor com meu paciente. Em psicanálise a insatisfação planta investigação, e a partir desta podemos aprender. Não é um relato preciso, a menos que esteja em paralelo com o lema de Sagres: "Navegar é preciso, viver não é preciso".

Primeiro movimento, vir a conhecer, deixar o cheiro entrar ...

Luan, 20 anos, entrou em contato comigo meses antes do início da pandemia. Queria falar comigo com urgência. Por mostrar-se muito aflito, consegui vê-lo no mesmo dia. Bermuda, chinelo e uma camiseta muito carregada de suor apesar do frio. Anunciava um autodescaso. Resolveu vir me conhecer pois temia enlouquecer. Começou me examinando, uma deixa para falarmos sobre privacidade, e depois, sobre as diferentes concepções de amizade, desembocando em uma conversa nada filosófica sobre como lidar com angústias. Queria ver o que eu tinha para oferecer para sua angústia sem nome e com pouca discriminação. Não encontrando nada de extraordinário, decepcionou-se. Situava-me dentro de uma angústia avassaladora, uma versão confusa de não saber quem era, nem o que queria da vida, nem para onde poderia seguir. Algumas lembranças tomavam sua mente de assalto:

> *meu pai me xingando, minha mãe gritando ... minha irmã chorando, uma convicção, tá ligado?! Uma gritaria que eu não sabia se era eu sozinho ou eles ali ... Mandava pra baixo mais cogumelo ... aí não sabia mais nada, o que acontecia e o que não acontecia ... agora estou melhor, totalmente de cara limpa ..., mas é difícil ficar assim.*

Espontaneamente foi descrevendo o que conseguia discriminar. Disse que estava o ano todo sem ocupação, sem ideia para nada, sem um projeto, sabia que não queria frequentar esses "*lugares absurdos de torturas estúpidas*" (faculdade), e principalmente que não queria abordar nada daquele papo de pais egoístas. Dizia: "*Não suporto essas cobranças, tá ligado, sou livre, sou diferente, tá ligado. Sou assim mesmo ... mesmo no Mickey* [gíria para LSD]".

Simplesmente lhe disse que estávamos nos ligando, mas ainda não ligados, talvez em processo de "conexão". Ele riu solto, uma risada desintoxicante. O silêncio depois disso o trouxe de volta a sua necessidade de adentrar seus fantasmas. Senti uma profunda angústia que irradiava desde aquele jovem cheio de perspectivas e prisioneiro de uma mente obstruída e obstrutiva. Disse que queria vir todos os dias e que tivemos química. Enfaticamente afirmou que sempre tinha recusado conversar com qualquer tipo de médico ou psicólogo. Marcamos outra conversa para dali a alguns dias. Poucas horas antes do encontro me enviou um *zap* dizendo que não poderia vir, e que não iria mais seguir falando, não adiantava mesmo, que a vida é pobre, e sozinho no mundo iria buscar tranquilidade. Insisti no *zap* para falar com ele. Não me respondia. Passaram-se meses. Pandemia decretada, recebo um *zap* de Luan, aflito, desesperado, pedindo ajuda. Fiquei feliz em saber que estava vivo e preocupado com a situação atual.

Segundo movimento: tatuar-nos...[7]

Luan queria ser visto no mesmo dia, eu não podia, e talvez não devesse mesmo, afinal aprendemos que é importante poder esperar. Marquei para o início da próxima semana, estávamos em uma quinta-feira de abril. No sábado, quase meia-noite, recebo

---

7 Quero ficar no teu corpo / Feito tatuagem / Que é pra te dar coragem / Pra seguir viagem / Quando a noite vem. "Tatuagem" (1973). Letra e música de Chico Buarque.

uma ligação da mãe. Ouço uma gritaria. Entendi que havia ameaças de morte. Ela descreve uma *cena dantesca*. Luan com uma faca na mão, seu alvo: o pai. Ele desferia gritos de "saia daqui". Foram duas horas até ele me ligar, um tempo absurdamente longo. Disse que queria que eu o visse naquele momento, que sua mãe o convenceu de me ver e ele estava indo a pé para meu consultório. Fui colocado dentro do labirinto grego com dois Minotauros e nenhuma saída. Quatro da madrugada e estávamos frente a frente. A longa caminhada e o tempo ajudaram a diluir os alucinógenos que havia tomado. Viu o demônio e queria eliminá-lo. Depois viu um buraco e queria entrar nele. Conversamos sobre seu estado e onde estava aquele Luan que eu havia conhecido meses antes. Falamos sobre o sofrimento de estar em contato com o demônio e como é sofrido o terror. Silêncio seguido de um choro tímido. Disse que alguma coisa o segurou para não pular no buraco. Depois pudemos deduzir que o buraco era a janela do apartamento que fica no 11º andar onde mora. Luan depois do choro mostrou-se mais inteiro, perguntei como ele iria voltar para casa, me mostrou o celular e chamou o Uber. Desde então estamos ponto a ponto nos tatuando. Ele marca um ponto em mim e permite que esse mesmo ponto retorne para ele. Procuro modificar o desenho da tatuagem gerando outras perspectivas, às vezes menos punidoras, procurando a verdade na força do ódio, outras vezes, nas suas incursões menos instáveis e que pudessem gerar interesse nele mesmo, na observação das próprias ações. Procurávamos criar pontos que pudessem funcionar criando interesse pelo seu emocional e pela restituição das capacidades de digestão emocional. Momentos intensos envoltos em uma atmosfera de dúvida quanto ao seu lado homicida, a sua instabilidade agravada pela química alienante. Fomos assim nos procurando em outras formas, tentando gerar alguma movimentação nas formações enrijecidas pela evitação das frustrações. Fomos tentando criar condições para (re)conhecer o seu demônio sem psilocibina.

Terceiro movimento: intimidade, intolerância, o vírus psíquico

Passadas as "fúrias" iniciais, as necessidades emergentes, pudemos conversar sobre a imensa dificuldade de Luan em discriminar o interno do externo, e vice-versa. Depois de sentir sua barreira de contato (Bion, 1984) pudemos conversar sobre como os alucinógenos não cicatrizam, nem promovem uma (re)epitelização dessas feridas. Por iniciativa dele fomos progressivamente buscar conhecer alguns dos fatores que agravaram e ou precipitaram sua violência contra o ser humano que não podia ser e não podia conviver com outros. A intempestividade reativa poderia ter outro rumo diferente da brutal oscilação psíquica. Claro que a animosidade em relação aos pais cresceu com o isolamento imposto, mas além disso um fator importante estava relacionado ao incremento de intimidade com a família, dizia: "*Eu sentia como era a vida de um cão doméstico, por isso soltei o Thor* [seu cão] *na rua, ele saiu correndo, desapareceu, era tudo que eu queria fazer*".

Com a convivência intensa com a irmã pode sentir melhor seu assédio invejoso e agressivo: "*mais nova sim ... mas muito esperta, rouba tudo de mim...*". A coisa ficava pior porque não podia se refugiar com os amigos nos encontros regados a canabis e/ou álcool. Não estava acontecendo os "*esquenta*" de sexta, as baladas de sábado, os encontros que permitiriam evacuar a insuportável angústia acumulada com as exigências da realidade cada vez mais complexas e que eram apresentadas como castigo que não se podia evitar. Vou me permitir escrever alguns trechos que guardo em minhas memórias dos encontros com esse jovem. São trechos clínicos que conjugam o que ele trouxe, e algumas coisas que conversamos. Neste momento, são memórias minhas apenas:

No início da pandemia [me dizia], parecia que estava ótimo ... não tinha que me preocupar com nada, tudo estava parado ... vídeo game e ver pornô ... meus amigos estavam a mil ... aí começou a escassear o baseado ... os jogos foram ficando repetitivos, nada acontecia ... eu até queria ir pra rua, mas não tinha ninguém ... bode, bode ... em casa o inferno aumentou muito ... minha mãe começou com a coisa de estudar, pressão insuportável, meu pai falava por indiretas, queria que eu ajudasse na fábrica ... fazer o quê? Não sei fazer nada, nem quero aprender, quanto mais ficar perto dele o dia todo, não dá ... nunca deu ... agora menos ainda ... tive que ver ele de dentro [ri] eu sei, você disse: é um demônio que tenho comigo ... Sonhei com o tal demônio: eu estava andando sozinho na praça perto de casa, fui falar com o cara que me fornece baseado, sempre encontro o cara atrás de uns arbustos, quando cheguei lá, na fissura de fumá unzinho, o cara estava de costas com aquele casado preto que conheço de outras paradas, eu o chamei, quando ele se virou, era um velho, muito feio e falando baixo ... acho que era o demônio, senti que o perverso estava ali ... fui falar com ele, perguntei do fumo, ele falava uma língua que eu não entendia, pensei que ele estava doidão, aí peguei o baseado da mão dele, cara! A coisa pegou fogo na minha mão e acordei suando ... sinistro esse sonho, tá ligado? ... levantei, era muito cedo, peguei minha guitarra e tirei um som [coloca o celular tocando uns acordes de guitarra] aí vem a tropa toda gritando comigo, como se eu estivesse cometendo um crime ... tudo bem era cedo, eu pensei que

> *o headphone estava ligado ... a vizinhança reclamou, eu sei, mas eu não queria causar.*

Luan era assim, um rapaz perturbado, com recursos precários, mas sensível, em busca de contato e necessitado de reconstituir sua barreira de contato, sua liberdade capacitada pela oscilação das posições, seu aparelho sensitivo capaz de utilizar a percepção para sentir seus sentimentos e, assim, poder sonhar. Quem sabe com esses recursos provenientes da análise possa vir a ser, mais que manter o tropismo pela confusão, possa delinear um projeto que não seja atuar a frustração evitada, que possa criar uma meta-sonho, uma vez que é rapaz e que tem muito para dar e para se desenvolver, mas um pobre menino rico.

Referências

Balzac, H. (1978). *As ilusões perdidas*. São Paulo: Abril Cultural.

Bion, W. R. (1984). *Learning from experience*. London: Maresfield Reprints.

Alighieri, D. (1999). *A divina comédia: inferno*. São Paulo: Editora 34.

Foucault, M. (1976). *Eu Pierre Riviere*. São Paulo: Ed. Graal.

Meltzer, D. (1986). *Studies in extended metapsychology*. London: Clunie Press.

Philips, T. (2019). *Coringa*. EUA: Warner Bros.

Polanski, R. (1976). *O inquilino*. EUA/França: Paramount.

Shakespeare, W. (2003). *Romeo and Juliet*. New York: Spark Publishing.

3. Solidão, solitude, isolamento social: vivências de adolescentes[1]

Ana Maria Stucchi Vannucchi

> *O elemento vital do escritor é a solidão.*
>
> *Marai, 2006, p. 328*

> *Solidão incontornável, inerente à descoberta, por cada ser humano, dos seus próprios limites, que fazem dele um sujeito, um ser ao mesmo tempo só e único em sua condição humana.*
>
> *Guignard, 1997, p. 199*

A proposta deste trabalho é apresentar minhas ideias sobre os estados de isolamento na adolescência e minhas experiências pessoais e psicanalíticas com jovens que procuram dar conta da tarefa adolescente de construir a si próprios! Quantos tsunamis e ao mesmo tempo quantas praias paradisíacas surgem neste percurso!

Interessante esclarecer que toda a parte inicial deste trabalho foi escrita antes da pandemia da Covid-19 que trouxe a necessidade

1 Este trabalho foi originalmente apresentado no I Encontro de Crianças e Adolescentes do GEP/Campinas – Solidão, out. 2019.

de isolamento social para evitar a propagação da doença e um maior número de mortes, trazendo prejuízo a todos, mas especialmente privando os adolescentes de experiências necessárias para conhecerem a si e ao mundo, bem como de novas relações e identificações que implicam o convívio fora do ambiente familiar. Seriam suficientes as experiências vividas pelo vídeo ou computador, nas quais predomina a bidimensionalidade da tela e a ausência do corpo, para que o jovem se sinta acompanhado e vivo? Podem estes encontros mitigar o sofrimento decorrente destas privações?

Inicialmente quero esclarecer como vejo a "crise" adolescente e a tarefa essencial desta fase da vida de construir-se como pessoa, que considero essencial. Muitos autores questionam o uso da palavra crise neste contexto, alegando que a adolescência como tal é produto do século XIX, com o prolongamento da moratória psicossocial (Erickson, 1976) e dos estudos formais, ou mesmo subproduto do luxo dos países ricos, como aponta Guignard (1997). No entanto não podemos negar a turbulência que toma conta dos jovens neste momento da vida, como expressam as variadas traduções do latim, grego ou chinês da palavra crise, que nos remetem a momento de decisão, momento de perigo e oportunidade. A turbulência deriva da explosão pulsional vivida em decorrência das modificações corporais ainda não simbolizadas (Ferrari, 1996; Bolognini, 2004)? Do compasso de espera necessário para construção de uma identidade sexual e profissional? Da profunda decepção com as imagos parentais (Green, 1994)? Das vicissitudes da elaboração do luto da infância e das imagos parentais, bem como da elaboração edípica positiva e negativa (Blos, 1996)? Das profundas modificações do Ego, Superego e Ideal de Ego, que se refletem em novos valores, trazendo, como nos lembra Winnicott (1963/1983), mudanças sociais e culturais?

Penso, com Laufer (2004), que um analista de adolescentes precisa ter vivido e elaborado profundamente a própria adolescência, para poder levar a sério as experiências compartilhadas pelos jovens, de risco e aventura, e ao mesmo tempo não se apavorar demais com elas, como em geral ocorre com os pais de adolescentes.

Qual seria a tarefa do adolescente? Em que turbilhão se move? Tarefa difícil, mas ao mesmo tempo essencial! Quem não a vive vai ficar prejudicado em seu desenvolvimento pessoal e existencial. Quantos caminhos e descaminhos encontramos!

Primeiramente, temos as mudanças corporais da puberdade, que trazem o retorno das pulsões reprimidas na latência. Freud (1905/1972) descreve muito claramente estas mudanças em "Transformações da Puberdade", terceiro ensaio sobre a Teoria da Sexualidade. A turbulência se faz presente, instaurando a intensidade da sexualidade e da agressividade, sem que haja uma mente capaz de contê-las e transformá-las. Bion (1987) nos lembra que o que é latente na latência é a turbulência.

Como Jeammet e Corcos (2005) nos lembram, o adolescente está pronto para transar e para matar: "um corpo que se tornou apto a agir as pulsões na dupla dimensão da sexualidade e da agressividade" (p. 39), mas ainda não sabe amar verdadeiramente, pois amar envolve a possibilidade de considerar e respeitar a alteridade, que é sempre uma ameaça ao Eu, especialmente nos momentos de turbulência e constituição de si próprio.

O eclipse do corpo, como nos lembra Ferrari (1995), vai se instalar aos poucos, quando é bem-sucedido. Esta mente infantil, baseada em fantasias onipotentes não pode dar conta deste novo corpo. É necessário elaborar o luto da infância e do corpo infantil, processo gerador de sentimentos depressivos, bem como ter liberdade para novos vínculos e novas identificações.

Todos estes elementos fazem parte da construção de uma nova mente, envolvendo especialmente o interjogo entre pulsões de vida e de morte e entre os processos projetivos e introjetivos. Temos as identificações primárias, pré-edípicas e edípicas, bem como todas as outras que vão se sucedendo, cujo precipitado constitui o Eu. Nesta fase de mudança, que pode ser pensada como mudança catastrófica como nos sugere Bion (2006), a fragilidade do Ego é muito grande, e isso o expõe a muitos perigos e abismos, provenientes do exterior e do interior. Como expressa a penumbra de associações desta palavra, podemos ter mudanças, evolução, amadurecimento, ou catástrofe e tragédia.

Ferrari (1996) observa que, ao abandonar as ilusões infantis, no movimento do binômio ilusão/desilusão, precisa haver lugar para a esperança. E como encontrá-la? Não a esperança messiânica, mas a esperança realista, que se define como expectação: ter recursos para enfrentar a turbulência e as frustrações da vida (Deocleciano Bendocchi Alves, comunicação pessoal, n. d.)

Acredito que esta "passagem adolescente" seja eterna, pois sempre estamos às voltas com estados de mente adolescentes, que nos dão ao mesmo tempo vitalidade e angústia. Neste trabalho, procuro manter o vértice psicanalítico sobre a questão que nos convoca hoje e sempre: como acompanhar o jovem nesta travessia estreita e perigosa, mas ao mesmo tempo maravilhosa, prenhe de descobertas e aventuras? Como nos lembra Guimarães Rosa (2001), "o real não está na saída nem na chegada: ele se dispõe para a gente é no meio da travessia" (p. 80).

Neste momento minha tarefa consiste em iluminar os estados de isolamento e incomunicabilidade, que habitualmente chamamos de solidão. Vou me deter um pouco nas ideias de nossos antecessores e de alguns colegas sobre o tema do isolamento e do sentimento de solidão.

Considero inicialmente as ideias de Klein em "Sobre o sentimento de solidão", último trabalho escrito por ela, e apresentado em 1959, no Congresso Internacional de Copenhague, que, como nos lembra Ferrari (1982), "é uma bela tentativa de elaboração de uma vida pontilhada de morte, incompreensões e dor" (p. 263).

Neste trabalho Klein nos alerta que do ponto de vista psicanalítico temos que considerar a "solidão interior", que independe da presença ou ausência de pessoas no mundo externo. Segundo ela, este sentimento interno de solidão se deve à uma "ânsia onipresente por um estado interno perfeito, e inalcançável de união completa com a mãe arcaica" (Klein, 1963/1991, p. 341); bem como a angústias ligadas a possibilidade de destruirmos o bom objeto nos processos de integração. Klein discrimina o sentimento de solidão ligado às angústias psicóticas, derivado da cisão e projeção das partes más do self, gerando suspeita e persecutoriedade, e do sentimento de solidão ligado às angústias neuróticas, que se aproximam de vivências depressivas. Para ela, o sentido de não pertencimento está sempre presente nos estados de solidão. A severidade do Superego e as exigências onipotentes do ideal de ego, só podem contribuir para aumentar o sentimento de solidão, sendo que sua elaboração vai depender da possibilidade de equilibrar processos projetivos e introjetivos, bem como das capacidades de integração, envolvidas na elaboração egoica.

Todos estes elementos são potencialmente intensificados no processo adolescente, em função das vivências de exclusão edípica, onde as experiências de não pertencimento são dolorosas e determinam o exílio e a busca de novas parcerias e novos territórios: "A ânsia por independência que faz parte da maturação, pode ser usada defensivamente com o propósito de superar a solidão" (Klein, 1963/1991, p. 352). Além disso, os processos identificatórios necessários para a elaboração do ego, podem trazer o recrudescimento dos aspectos destrutivos e das angústias psicóticas, que aumentam a persecutoriedade, o isolamento e a severidade do superego.

Assim podemos ver como deste ponto de vista a adolescência é potencialmente muito poderosa no sentido de trazer vivências de solidão interior. Poderia a parceria analítica mitigar estes sentimentos?

Bion (1962/1997) nos lembra em vários momentos, especialmente ao conjecturar a mente primordial, que somos ao mesmo tempo "sós e dependentes", e que nesta condição, temos que suportar as angústias determinadas por este paradoxo, causador de dor mental e sofrimentos de todo tipo. Penso que na adolescência este binômio adquira dimensões mais fortes, em função da exclusão edípica, da busca por novos objetos de amor e de uma identidade própria, e especialmente pelo recrudescimento das vivências onipotentes que buscam "compensar" os sentimentos de desamparo. Aliás, Bion (1963/2010) considera também o estar só como elemento de psicanálise, enfatizando a solidão do analista em sala de análise e a importância dessa vivência para que ele possa estabelecer seu vértice de observação. Ele nos lembra que nosso único parceiro possível é o analisando, mas que ele se observa de outro vértice, talvez já conhecido e que precisa ser "convidado" a discriminar entre ele e o analista, responsabilizando-se por sua própria mente. Assim, penso que não podemos escapar deste drama no percurso de nos tornarmos humanos: estamos sós e incompletos!

Fontes (2002) relata um caso clínico de um jovem, sempre muito agressivo e criador de conflitos que conta uma fantasia sugestiva: "Engraçado, como será que estas imagens vêm? Eu via dois espíritos como se desprendendo de mim e indo embora. Eu não me assustava, via-os irem embora sem desespero, como se eu dissesse: podem ir, eu deixo vocês irem ... em seguida vem outra fantasia de ser abandonado e sentir-se muito só. Como uma criança abandonada pelos pais" (p. 97).

Ao refletir sobre a sessão, a analista traz o conceito de Bion, solidão como elemento de psicanálise, e diz: "Não consigo perceber na experiência que vivemos, abandono, tristeza ou solidão. Conjecturo que naquele momento ele vive uma experiência que é só dele, separado de mim. Somos ali duas mentes separadas" (Fontes, 2002, p. 97). Ao final deste artigo a autora menciona a importância da solidão do analista durante a formação e nas convivências institucionais, no sentido de responsabilizar-se por sua própria mente, necessitando de análises e reanálises criteriosas (p. 106).

Winnicott (1963/1983) destaca a capacidade de estar só como um aspecto importante do desenvolvimento emocional e do processo de amadurecimento humano. Esclarece que o objeto transicional supõe a vivência de continuidade do ser, propiciada pela ilusão de unidade com a mãe, capaz de criar confiança e sentimento de existência, para que depois possa se sentir só na presença dela. Menciona que a capacidade de estar só deriva desta experiência inicial, mas envolve a possibilidade de lidar com vivências da cena primaria, fusão de impulsos agressivos e eróticos, e tolerância para ambivalência. Além disso esta capacidade depende da existência de um objeto bom na realidade psíquica do indivíduo, envolvendo autoconfiança para viver, e crença em um ambiente benigno. Percebe-se uma aproximação possível entre este conceito de Winnicott e o de Bion anteriormente mencionado.

Dolto (1998) nos introduz em um caminho semelhante, discriminando entre o que ela chama de solidão estruturante e a solidão que nos impede de estruturarmo-nos. A solidão estruturante é uma solidão necessária, povoada por intercâmbios de palavras com pessoas próximas, e não somente de intercâmbios corpo a corpo, ligados à satisfação de necessidades, mas de desejos, de troca psíquica. A outra solidão nos leva à morte psíquica, por inviabilizar qualquer relação afetiva. Ela lembra que a simbolização da ausência é o que nos permite suportar a angústia e a solidão. A solidão desestruturante se instala na ausência de vida simbólica suficiente e consistente (pp. 429-440).

Ferrari (1996) chama a atenção para a protodepressão típica e específica da adolescência, que, se não for cuidada e considerada, pode se transformar em síndrome depressiva na idade adulta. Que personagens compõem esta cena? Ferrari a liga às vivências do luto infantil, do corpo e dos pais, que precisam ser elaboradas, e também a aspectos narcísicos envolvidos nas expectativas sobre si próprio e nos recursos necessários para alcançá-las. Estes movimentos podem então gerar a protodepressão, o isolamento, a solidão. No entanto ele nos adverte que é preciso observar se esta depressão tem funções de vida ou de morte. Se tiver funções de vida, ou como diz Green (1994), se for banhada pelas pulsões de vida, o prognóstico é de desenvolvimento.

Como discriminar estas nuances no trabalho analítico cotidiano? Como colocar nossa capacidade de observação e intuição a serviço do surgimento da esperança nesta parceria?

Ferrari (1996) nos lembra que os estados de vazio e tédio podem provocar um afastamento do ambiente, pois o jovem está ocupado em discriminar diferenças e semelhanças entre ele e os outros, ou mesmo entre sua família e as outras, elementos importantes na constituição da constelação edípica e da configuração egoica, que determinam a possibilidade de individuar-se e de responsabilizar-se por si próprio.

Mas seria este afastamento sempre depressivo e preocupante? Percebo que o afastamento é sem dúvida provocador de sofrimento, no entanto, pode também ser pensado como uma necessidade de estar só, para poder construir-se! Aqui penso que a noção de "solitude" se aproxima da "capacidade para estar só" cunhada por

Winnicott, pois, na verdade, estamos sós para atravessar esta zona de tempestades e calmarias!

Ogden (1997), utilizando-se desta concepção de Winnicott, e do estudo dos fenômenos autísticos de Tustin, propõe que este recolhimento às formas "autísticas" seja uma necessidade evolutiva do ser humano, como proteção das "contínuas e intensas solicitações para estar vivo no mundo dos seres humanos!" (p. 189).

Scafuzca (2006) narra o atendimento angustiante de uma adolescente anoréxica, a partir do qual discrimina também a solidão/isolamento, fruto da onipotência narcísica, do desligamento pulsional, expressão de uma destrutividade ativa, e do trabalho da pulsão de morte (Freud, 1920/2010) contrastando-a com a solidão necessária para o construir-se como pessoa.

Brito (2005) nos relata como observa em sua clínica que a diminuição das defesas narcísicas expõe o paciente a profundos sentimentos de solidão e de desamparo e, ao mesmo tempo, a agudos sentimentos de desconfiança nas relações afetivas, observados na dupla analítica. Menciona as defesas narcísicas de caráter psicótico e também o narcisismo destrutivo, que pode refluir sobre o eu em função de frustrações e decepções vividas na primeira infância, determinando a busca idealizada de união perfeita e ilusão onipotente de segurança, amor e potência, que surgem claramente no caso clínico mencionado por ela, apontando para riscos de pacto mortífero e suicídio.

Brito (2005) esclarece, lembrando Klein, que "a solidão emerge tanto da sensação de estar só com partes destrutivas do self, como do sentimento da incapacidade de integração" (p. 121), e manifesta esperança de que um trabalho analítico fértil possa trazer a dependência madura, constituída pelo prazer e pela dor de ser só e dependente.

Em outro trabalho Brito (2009) relaciona as vivências de solidão à impossibilidade de estabelecer a triangularidade edípica, enfatizando a importância de o analista ocupar o lugar do terceiro, favorecendo a triangulação e o sentido de realidade do mundo e do eu. Apresenta o caso clínico de um adolescente vivendo sentimentos de solidão e desamparo, com fantasias homossexuais determinadas pelo medo de ocupar o lugar do terceiro na situação edípica. A analista trabalha no sentido de estabelecer triangularidade, e um fato selecionado, a "lanterna de proa", permite iluminar o binômio onipotência - impotência, de forma que o jovem se sinta potente na relação analítica, e possa desta maneira viver transformações profundas nas imagos parentais e em seu próprio eu.

Casseb (2008) aponta elementos de onipotência e sadismo na luta do adolescente para evitar estados de solidão para os quais não tem continência psíquica, o que muitas vezes inviabiliza o sentir e o pensar. Por esta razão o autor discrimina estados de solidão de sentimentos de solidão. Associa estas vivências à fratura vivida pela exclusão edípica, negada e muito dolorosa, e à severidade do Superego, dificultando o contato com a realidade dos próprios recursos e do mundo externo, portador de frustrações. Analisa três casos clínicos, nos quais observa a possibilidade de o adolescente compor uma verdadeira parceria com o analista, trazendo mobilidade na triangulação edípica, possibilidade de sentir e pensar, digestão das angústias de desamparo e de abandono, sentimento de existência psíquica e movimento do narcisismo para o socialismo. Casseb (2008) menciona também a necessidade de o adolescente viver sentimentos de solidão para poder pensar e repensar seus valores e crenças, ou melhor, para construir-se como pessoa, "num polimento do ideal de ego, auxiliando o jovem a abandonar elementos pré-constituídos do ego ideal" (p. 238). O autor utiliza o filme *Encontrando Forrester* como bom exemplo de função alfa ativa, para dar figurabilidade à criação de uma parceria possível, para a restauração útil da função perdida pela ausência de triangulação, iluminando as diferenças, matrizes da identidade, com a "esperança de poder vir a ser só na busca pelo outro", o que configura uma relação dialética no interior da dupla.

Apresento primeiramente dois casos clínicos,[2] em que procuro ilustrar as diferenças entre as vivências de solidão propriamente dita e as de solitude, a solidão benigna e estruturante.

Lembro-me primeiramente de Maria, uma moça agressiva, dura e sofrida. Procurou-me aos 14 anos, recém-saída de uma grave crise depressiva, que a deixou internada por meses! Vinha às sessões com muito ódio de si própria por precisar de ajuda, e dizia que era doente e por isso obrigada a fazer terapia, diferentemente dos irmãos mais velhos. Chegava fazendo muito barulho e batendo portas com violência. Passava grande parte das sessões dizendo que eu não a ajudava em nada, que a análise era uma bobagem, ou então fazia um silêncio fechado, pegava um caderno e ficava rabiscando sozinha: "*Eu não sei o que eu venho fazer aqui!*".

Recusava qualquer aproximação afetiva, afastou-se de tudo e de todos, odiando-os e odiando-se, desprezando os colegas, os irmãos, os pais, com quem tinha brigas violentas, e especialmente a analista. Evidenciava um profundo sentimento de solidão, baseado na vivência alucinada de não ter ninguém que pudesse compreendê-la, nem mesmo na esperança de que este alguém existisse. Tinha uma enorme onipotência, calcada em profundo desamparo, inacessível, porém, a sua consciência. Não aceitava minhas observações de que ela ficava muito assustada com a sua fragilidade, usando uma grande violência para compensá-la, e sentir-se ilusoriamente forte e potente. Contava comigo para ajudá-la a suportar

2 Os nomes e outros aspectos dos analisandos foram alterados para garantir-lhes o sigilo.

estas ameaças, riscos, explosões, pois eu me mantinha viva e de bom humor.

Gostava muito de Sociologia e Literatura, colocava-se sempre em defesa dos países pobres e subdesenvolvidos, que desejava conhecer. Sentia-se muito identificada com as causas libertárias, as lutas de libertação dos países colonizados, muitas vezes violentas e sangrentas, ligadas a miséria e pobreza.

Eu procurava mostrar que esta luta se travava dentro dela, entre a possibilidade de crescer e se desenvolver, e a mente colonizada que queria estancar o desenvolvimento e sufocar a vitalidade, impedindo seu crescimento de menina frágil para mocinha e de moça para mulher. Esta imagem foi muitas vezes trabalhada, de diferentes maneiras, durante um longo período. Maria se isolava, em casa, na escola e também na sala de análise. Neste primeiro período, evidencia-se a solidão desintegradora, impeditiva do desenvolvimento.

Um dia, ao receber sua mensagem telefônica avisando que não poderia vir à sessão, me percebi tomada por enorme alívio! De início me assustei, envergonhei-me com este sentimento, mas aos poucos pude contê-lo e considerá-lo como algo importante. Se eu me sentia aliviada com sua ausência, que dizer dela, também sufocada pelo peso de sua violência e angústia?

Depois de alguns dias sonhei com uma moça aprisionada e esmagada embaixo de uma rocha, que eu desesperadamente tentava libertar deste aprisionamento mortífero. Logo lembrei-me de Maria, sufocada sob o peso de seu ódio. Seria ódio à vida mesmo? Ou algum elemento vital, buscando expressão desta forma, como Bion esclarece na supervisão A35 de uma adolescente? Coloca-se contra a vida, ou luta contra o urge para existir, que convoca toda mulher para um destino comum, sem lugar nem respeito pela individualidade? Estes pensamentos foram possibilitando momentos de encontro, durante os quais o ódio se transformou e a necessidade de construir uma individualidade própria, sem obedecer modelos maternos ou paternos, foi tomando algumas frestas e se discriminando das vivências da exclusão edípica: ela poderia ser "si própria", sem precisar destruir e matar sua mãe, suas amigas e a própria analista!

Aos poucos, puderam surgir de forma oscilante alguns momentos de conversa genuína, em que Maria podia me perceber não apenas como uma bruxa que queria curá-la, mas como uma pessoa com uma mente capaz de reconhecer seu desejo de viver do seu jeito e de transformar a violência em agressividade necessária à vida, em força necessária para levantar o rochedo que a esmagava e poder respirar em liberdade: *"Eu sinceramente não sei como você me aguenta! Como você insiste em mim! Eu se fosse você já teria me mandado embora faz tempo!"*.

Ao escutar esta frase, me veio à mente uma cena de Serra Pelada, tão lindamente fotografada por Sebastião Salgado. Aqueles homens incansáveis e exaustos, que continuavam a procurar ouro numa busca interminável, com muitas dificuldades, mas com esperança de encontrar algo valioso. Muitos deles conseguiam! Quando propus este modelo para Maria, ela se assustou muito, no entanto, pôde aproveitar algo da beleza estética da imagem e da verdade contida nela: de que havia algo valioso nela que nós duas podíamos reconhecer!

Aos poucos seu amor-próprio pôde se desenvolver um pouco, e o Superego assassino de Ego arrefecer sua virulência, atenuando seus sentimentos de culpa. Estaríamos falando de sinais emitidos pelos movimentos da mente primordial, ainda somática, ou mesmo da consciência moral primitiva?

Neste período ela sai do isolamento e começa a se relacionar com as colegas, fazendo algumas amizades. Em seguida, começa a esboçar movimentos ligados a um desenvolvimento de sua sensualidade e feminilidade. Um rapaz se aproxima e ela topa o encontro. Aos poucos vai se sentindo desejada e desejante, saindo da órbita familiar, em que circulava anteriormente! Tão protetora, que Maria ficava na sombra, sem poder crescer.

Seria esta a rocha que a esmagava pesadamente? Percebo que neste momento ela estava saindo daquela solidão negra e buscando ar puro! Sentia-se em vários momentos valorizada e existente psiquicamente. Os espaços de trégua da guerra em que vivia contra si própria se ampliam. Seu relacionamento com o namorado se estreita, constituindo uma parceria amorosa de corpo e alma. Os momentos de guerra persistem, mas com outra intensidade e frequência, e podem ser reconhecidos e trabalhados. Às vezes esboça movimentos ligados a um retorno do isolamento, da negação de suas necessidades, mas em outros pode se recuperar e continuar caminhando.

"*O que eu venho fazer aqui?*". Esta pergunta se repete de tempos em tempos... Eu lhe digo, certa vez: Acho que você vem alimentar sua vontade de viver... Maria me escuta em silêncio e se comove profundamente. Neste momento acredito haver um espaço compartilhado, um "*atonement*", como sugere Bion. Um trabalho compartilhado sobre a resistência da dupla, uma rêverie privilegiada e criativa, como sugerem Rosemberg e Boraks (1999). Ela continua comparecendo às sessões, e eu continuo a atendê-la. Maria completa o colegial e delineia-se um projeto de fazer faculdade em outra cidade.

Planos idealizados, maravilhas a serem conquistadas, sonhos de poder contribuir para a melhora da medicina brasileira. Presta vários vestibulares e finalmente entra numa boa faculdade. As dores das despedidas do namorado, da família, da analista deixam-na muito angustiada, somadas ao medo do novo e do desconhecido.

Muito trabalho mental é exigido. Também eu oscilo entre a esperança realista, acreditar em seus recursos e o impulso de "segurá-la" aqui na família, na análise. Mas ela, valentemente decide ir: "*Quem diria que há cinco anos eu estava preferindo morrer? Eu mesmo não consigo acreditar... Estou bem viva pra poder fazer tudo isso!*".

Percebo neste momento a capacidade de estar só, as vivências de uma solidão estruturante e a responsabilidade de construir-se a si própria. Cabe a ela continuar seu caminho sem a minha companhia. Neste momento somos duas mentes separadas e duas vidas diferentes. Solidão povoada pelas trocas psíquicas da infância e da adolescência? Solidão habitada pelas trocas simbólicas desenvolvidas na análise? Penso tratar-se de solitude.

Nesta fase final, antes de viajar, Maria vem à sessão com seu violão, que não usava há muito tempo. Toca algumas músicas de Chico Buarque e Caetano Veloso e ao final, uma composição de seu professor. Nesta música, lindamente harmoniosa o autor fala da vida brotando na juventude. Em seguida, Maria diz: "*Muitas sementes plantamos aqui, agora vou embora, cuidar delas sozinha. Mas acho que sempre vou lembrar das coisas que a gente conversou. Foi muito importante em minha vida!*". Ambas nos comovemos com a perspectiva de um caminho a ser trilhado sem a minha companhia, evidenciando a solidão benigna, a capacidade de estar só.

O segundo fragmento clínico é do trabalho psicanalítico com um jovem de 15 anos, que me procurou a pedido dos pais, que não se achavam em condições de suportar sua rebeldia, ocupados que estavam com as filhas menores: "*estava indo muito mal na escola, repetiu de ano, tinha amigos mal-encarados, estava bebendo muito e fumando muita maconha*".

Luís veio para uma entrevista, e aceitou começar um trabalho comigo: sentia-se pressionado pelos pais e culpado pelas brigas constantes com eles. Sentia-se também muito desvalorizado por eles e por si próprio, o que lhe trazia muito sofrimento e a ideia de que "*viver assim não valia a pena*". Parecia muito deprimido e só. Manifestou de início muita desconfiança com relação a minha pessoa, que ele considerava muito idosa para poder atendê-lo. Logo surgiu a crença de que eu iria fazer liga com os pais e não com ele, mas estes aspectos foram sendo conversados e elaborados com muita sinceridade e paciência.

Deitou-se no divã antes mesmo de ser convidado a fazê-lo, o que me deu a impressão inicial de disponibilidade para o trabalho analítico e de intensa necessidade dele. Nos primeiros tempos, passava as sessões se queixando dos pais e das trocas agressivas por ocasião das brigas e discussões. Queria ser respeitado como adulto, mas ainda era muitas vezes tratado como criança, como suas irmãs menores. Uma das irmãs tinha uma doença neurológica grave, o que a tornava vítima de compaixão e de ódio ao mesmo tempo.

Às vezes surgiam brigas com amigos e ele se sentia traído e desprezado. Percebia os amigos como próximos apenas nos momentos de balada e aventura, configurando intenso sentimento de solidão. Algumas vezes falou das meninas e do seu medo de aproximar-se delas. Tinha medo de amar e ficar dependente, prezando seu isolamento determinado por aspectos narcísicos e onipotentes. Estava muito só e ao mesmo tempo necessitava intensamente de uma companhia genuína.

Numa determinada sessão chega com um corte de cabelo diferente, com uma risca marcada do lado, dizendo que "*esta era a marca da sua turma, cinco amigos da pesada ... Vamos marcar uma briga com a outra turma do cara que me ameaçou. Agora o líder do meu grupo é um cara super respeitado, tem grana, ele é quase um traficante ... é do meu bairro, mas frequenta as bocas ... Outro dia ele falou, vamos na festa X?*".

Nesta passagem Luís evidencia o valor dos aspectos narcísicos e a solidão que eles impõem à sua personalidade, bem como aos riscos que precisa correr para renová-los. *Você sabe o que é esta festa, Ana?*". Eu disse que não sabia. Então Luís me explicou: "*Inferninho*[3] *tinha duas festas quentes, e uma delas era a X*". E continua:

> *... no fim de semana, meus pais viajaram e me deixaram ficar aqui. O 'chefe' deu a ideia e a gente foi na festa. Você precisa ver que incrível, cheio de cara armado, não sei se era metralhadora, ou outra arma ... Eles ficavam policiando a festa, andando em volta.*

Luís me fez pensar que este quadro expressava sua visão estereotipada e preconceituosa da masculinidade, que precisava ser apontada. Ele continua: "*A gente entrou, comprou uma cerva, e ficou olhando pra ver se dava pra chegar em alguma mina*".

Neste momento senti minhas pernas tremerem, e a impressão de desmaiar de medo. Olhei para Luís estendido no divã e o "vi" todo baleado e sangrando. Em seguida me lembrei de um amigo que perdeu o filho baleado numa boca de fumo, onde tinha ido comprar maconha. Fiquei apavorada e paralisada. Acho que fui visitada por uma assombração! Quando recuperei o senso, tive vontade de perguntar: Você não tem medo? Ou de dizer: É uma loucura ir nestas festas, vocês não têm ideia de onde estão se metendo. Seus pais têm razão de te controlar e estabelecer horários pra você voltar!

Entretanto tive a possibilidade de ampliar minha mente continente, evitar juízos morais de senso comum ao colocar o

3 Trata-se de grande favela na cidade de São Paulo, com frequentes bailes funk e "pancadões", muitas vezes alvo de ações policiais repressivas.

pensamento onírico em funcionamento. Pude transformar esta assombração em assombro! Quando Luís ficou em silêncio, me recuperei daquela "enxurrada de tiros" e disse: "*Você fica fodão e fortão nesta festa com esse amigo!*". Ele me olha espantado e boquiaberto. Eu continuo: "*Você acredita que ter medo é coisa de gente fraca, desprezível... Então, me matando de medo, você faz o seu medo desaparecer como um passe de mágica*".

Luís continua em silêncio, me escutando. Depois de um tempo, olho para ele e "vejo" um lindo rapaz moreno, vivo e esbanjando beleza e sensualidade. Num passe de mágica os buracos dos tiros e o sangue escorrendo desapareceram.

Ele continua em silêncio. Eu digo: "*Agora saímos da festa X*". Ele sorri e diz: "*Ufa!*". Eu pergunto da M., uma moça de quem ele gostava, mas não sabia que gostava. Luís se mexe no divã e diz: "*Eu não sei... eu queria namorar ela, mas daí tem que deixar os amigos de lado, vai ser complicado... Eu também tenho muito ciúme, e ela também...* Não sei...".

"*Então, precisa ter uma puta coragem pra namorar a M.*", eu digo. Luís fica em silêncio um tempo e diz: "*Coragem de dentro! Não é essa coragem de fora que eu estava falando antes, na festa do X!*". Comove-se muito e diz: "*Que lindo, dava um cartão de Natal!*". Eu acrescento: "*Um cartão de Natal que você mesmo que fez!*".

Neste fragmento percebo como o pensamento onírico nos permitiu entrar na profundidade do mundo psíquico de Luís, e encontrá-lo enfrentando-se com a coragem/medo de ser homem humano, podendo inclusive vivenciar este medo e comover-se. Um momento em que o movimento da dupla se fez, no meu modo de ver, do conhecer para o ser, o tornar-se. No lugar do pesadelo inicial surgiram um homem e uma mulher que podiam conversar. Um verdadeiro encontro!

Essa experiência foi tão importante que se transformou em vocabulário próprio da dupla analítica, evidenciando de certa forma uma atenuação dos aspectos narcísicos e onipotentes determinantes da solidão, e uma fresta no sentido de buscar parcerias necessárias e viver a capacidade de estar só, enfim, enfrentar o paradoxo de ser só e dependente.

Recentemente, pudemos conversar mais livremente e com menos persecutoriedade sobre a maconha e sua atividade anestesiante das dores do viver, inclusive da solidão e dos medos do futuro. Mostrei-lhe como estava vivendo uma vida religiosa, onde havia um altar, em cima do qual estava a maconha. Isso restringia muito seu universo e seus interesses! Luís ficou muito impressionado com isso e começou a fazer um movimento de fumar menos e se interessar pelas meninas de outra maneira, não apenas para "pegá-las". Começou a perceber que sem maconha ficava mais inteligente. Surgiu nesta época um amigo diferente dos outros, com quem ele podia conversar sobre os medos do futuro e sobre as angústias do presente e não apenas exibir-se e disputar o poder e a força. Num determinado momento começa a falar que estava preocupado com os pais, que brigam muito, e com a irmã doente, que vinha piorando a olhos vistos. Conversou sobre isso com o amigo, falaram do futuro, e também comigo esta conversa apareceu:

L: — *Eu tô com muito medo mesmo... não sei bem do que. Eu tô muito aflito.*

A: — *Você está se sentindo sozinho.*

L: — *Tô mesmo, ainda bem que agora tenho o X pra conversar e você também ... a gente saiu da prova e ficamos falando do futuro ... Pensando no que vou fazer da vida ... eu gosto de música, mas sei que é difícil e ganha pouco. Meu amigo quer ser engenheiro ... Tudo vai depender de mim.*

A: — *Agora é com você né, Luís?*

L: — *Só comigo mesmo, tô sozinho nessa, mas não tô achando ruim não ... besteira ficar culpando pai e mãe, a escola, o governo... acho que alguma coisa tá mudando em mim.*

A: — *Você está se construindo* — acrescento — *se fazendo, e por isso não acha ruim, tem a parte triste, aflitiva, mas tem o prazer de ir sentindo você crescer, virar gente grande, com coragem.*

L: — *Coragem de dentro, Ana!* — diz Luís. *Cada vez mais esta frase fica verdadeira! Incrível como esta conversa vai fazendo uma construção ... mesmo conversando com você, eu que tenho que viver a minha vida por mim mesmo!*

Neste fragmento observo como Luís se move da solidão em direção à solitude, evidenciando ao mesmo tempo a responsabilidade pela própria vida, a elaboração da exclusão edípica e uma capacidade de sustentar o paradoxo de ser só e dependente, discriminando-se da analista! Como diz Caetano Veloso: "cada um sabe a dor e a delícia de ser o que é".

Fragmentos clínicos na pandemia

Ao refletir sobre os atendimentos online que tenho feito durante a pandemia do Coronavírus, observo que em geral os jovens manifestam angústia e solidão decorrentes do isolamento em casa com a família, impossibilitados de encontrar amigos e parceiros amorosos.

Observo que esta condição os impede de ter as experiências necessárias para conhecer-se e conhecer o mundo (Ferrari, 1996) bem como encontrar novos objetos de investimento afetivo, e viver novas identificações que lhes permitam construir o Eu, ampliá-lo e torná-lo mais consistente. Nestes termos, tenho observado que o movimento da solidão em direção à solitude fica mais difícil, mesmo porque os conflitos familiares decorrentes do confinamento tendem a se intensificar, gerando explosões violentas e sentimento de culpa intenso.

Além disso observo que o tempo de estar só consigo mesmo lhes parece roubado: para não se sentirem sós se empanturram de jogos, áudios ou vídeos virtuais, na ânsia de preencher a carência humana de experiências emocionais que envolvam presença do corpo e da mente. Além disso encontram-se "isolados em grupo", com a família, o que muitas vezes impede ou dificulta a privacidade tão necessária ao existir!

Inicio por Clara, que se encontra em análise comigo há cinco anos, procurando a princípio, encontrar motivação para crescer e elaborar a situação edípica, bem como tolerar os lutos infantis. Sua dor é insuportável e suas vivências de solidão e abandono muito intensas. Manifesta uma onipotência imensa que a impede de aceitar a dependência e inclusive a parceria da analista.

C: — *Mas o que me atrapalha mesmo é mudança ... eu odeio mudança. Fico sempre pensando nisso... eu odeio mudança.*

Falo de sua mudança atual, do corpo e da mente, com o fato de ficar moça.

C: — *Eu queria ficar com 3 anos para sempre ... Eu bebê, sem precisar fazer nada...*

Digo que os bebês têm muito trabalho para aprender a mamar, a engatinhar, a andar, a comer, a falar...

C: — *Eu detesto crescer... não vale a pena ... ser mulher casar e ter filhos. Eu não tenho ajuda de ninguém...*

A: — *Você detesta precisar de alguém... mas todo mundo precisa... eu também preciso de você para poder trabalhar.*

C: — *Ah isso eu detesto mesmo... queria saber tudo e não precisar de nada nem de ninguém, nem de escola, nem de analista, nem de pai, nem de mãe...*

Algum tempo depois vão surgindo outras dimensões e ela vai podendo fazer parceria consigo própria e comigo. Chega contando que na aula de dança estão compondo um espetáculo, e que a professora disse: "*Experimentem dançar de olhos fechados!*".

C: — *Você não acredita, Ana, eu tentei e descobri que de olhos fechados era uma outra dimensão, não tinha vergonha, fiquei mais espontânea, dancei muito melhor.*

A: — *Então você percebeu que com olhos fechados a gente enxerga outras dimensões...*

Ela se comove e experimenta o divã, embora continue a dizer que tem medo.

C: — *Eu tenho medo de ficar muito exposta, como uma ameba sendo olhada no microscópio ... eu não te vejo, escuto só uma voz de deus ou de um narrador onisciente...*

A: — *Então, mas você não é uma ameba, é uma moça com muitos sentimentos, e eu também não sou deus, sou só uma pessoa tentando conversar com você, uma mulher que já foi moça como você... Mas hoje a vontade de deitar no divã ganhou do medo,* né*?*

Ela ri de novo e começa a cantarolar água de beber. Pergunta se eu conheço a música; eu digo que sim.

C: — "*Eu quis amar mas tive medo / E quis salvar meu coração / Mas o amor sabe um segredo / O medo pode matar seu coração*" ... *Do que será que eu tenho medo? Acho que de largar esse lugar seguro... esse personagem inteligente que sempre ajudou os outros e não precisou de nada.*

A: — *Mas acho que tem outra personagem aparecendo nessa estória...*

C: — *Ana, tem mesmo, mas falta escrever a estória dela...*

A: — *Podemos escrever juntas!*

Neste momento parece nascer uma disponibilidade para novos vínculos afetivos, e especialmente se fortalece a parceria afetiva comigo, que pode ser matriz de outros encontros. No entanto, fomos atropeladas pela pandemia.

Quando começou a pandemia, propus atendê-la online. De início recusou, argumentando "*que não era a mesma coisa, que não ia poder ver meu corpo e nem eu o dela*". Brinquei dizendo que a gente poderia ver nossas almas. Ela achou graça, e na semana seguinte começamos a trabalhar online. Ela reclama que tem que passar o dia todo no computador, tendo aulas da faculdade de Engenharia e agora as sessões também! Que saco!

A: — *Eu brinco que somos humanas e temos que nos proteger do Corona.*

C: — *Eu sei, mas eu não aguento mais ficar aqui trancada com meus pais e meus irmãos! Eles sempre inventam moda de comida que eu não gosto e eu fico de fora. Fico sempre no meu quarto, até para comer eu busco o prato e como aqui. Fico vendo séries... nem falar com as amigas eu consigo... também elas entraram em outras faculdades e tem outras turmas... eu detesto aula online. A gente vê os amigos da faculdade, mas não pode conversar, parece vaca separada pelas baias.*

Neste momento fica clara a dor imposta pelo confinamento, a carência brutal de experiências, o sentimento de aprisionamento, de exclusão edípica não elaborada, o sentimento de falta de privacidade e suas consequências negativas para a vivência de individualidade. A sessão continua:

A: — *Que dureza, você se sente muito sozinha...*

C: — *Claro, nem o E. eu posso encontrar... logo agora que eu me interessei por ele começou essa pandemia... eu não posso encontrar, fico isolada fechada em casa... tem gente que sai, mas eu não saio para não trazer o vírus para casa. Nem falar com o E. pelo* Whats *eu gosto, fica aquela tela no meio, entre nós... nem posso chegar perto, nem beijar... como tem gente que consegue namorar por aqui?*

A: — *A gente também está nessa tela, de longe...*

C: — *Então, Ana, quando você vai voltar pro consultório? Outro dia sonhei que tinha aquele vaso da sua sala aqui em casa, no meu quarto...*

A: — *Então de algum jeito a gente se encontrou,* né?

C: — *Sei, Ana... Mas com esse jeito o tempo fica parado, não passa! Sabe aquele filme* O dia da marmota? *Então, é assim mesmo, tudo se repete igualzinho como no filme e parece que é sempre o mesmo dia. No filme o cara entra no túnel do tempo e acorda sempre no mesmo dia... se chama* Feitiço do Tempo... *um inferno, eu me sinto meio morta viva, máquina de estudar... fico só pensando quando tudo vai terminar.*

Neste trecho evidenciam-se as perdas relativas à ausência de experiências ligadas à sexualidade, tão necessárias para elaboração da identidade sexual, e também uma vivência profunda de morte em vida, de tempo parado, de uma vitalidade aprisionada e sufocada.

Continuando:

A: — *E o que você fica pensando? Sonhando?*

C: — *Eu queria encontrar o E., namorar, encontrar os amigos, dançar, ir a festas. Tomar umas mil caipirinhas, andar a cavalo, correr pelo campo... sei lá. Para encontrar o E. só se fosse como naquele filme do Woody Allen, que o cara sai do filme e entra no cinema e se senta ao lado dela... aí eles namoram... não sei se depois ela também entra no filme... só sei que ficam juntos... Era* A Rosa Púrpura do Cairo.

A: — *Então, se você sonha, faz um filme como esse e se sente acompanhada!*

C: — *Pois é, Ana, mas eu tenho mais pesadelos... outro dia tive um horrível, que eu estava trancada numa casa e não achava a saída... eu continuava a tentar fugir da casa e tinha medo ... depois descobri um quarto trancado e fiquei apavorada... não sei se estava trancada na casa ou no quarto.*

A: — *Puxa, que coisa! Os sonhos expressam claramente sua vida agora na pandemia. Mas você não desiste de achar a saída né, parece que tem esperança...*

C: — *Isso não, reclamo muito e não desisto, mesmo aqui com você, eu continuo tentando.*

Observo que Clara expressa com intensidade suas vivências de solidão e aprisionamento, impeditivas de seu desenvolvimento afetivo e psíquico, especialmente as carências de experiências em todas as dimensões da vida humana que se revelam neste momento. A capacidade de sonhar, está preservada, e denuncia o aprisionamento, a vitalidade persiste em sua busca de liberdade, insistindo em encontrar a vida num panorama sombrio. Mas, nesse contexto, me parece essencial!

Vera, 15 anos, me procurou em maio, depois do início da pandemia. Nunca a vi pessoalmente. Decidi aceitá-la em análise devido ao seu pedido de socorro: "*Não aguento mais ficar trancada em casa com meus pais! Preciso respirar!*". Vivia em constante conflito com os pais e se isolava no quarto o dia todo, negando-se a sair ou mesmo a fazer as refeições fora dele. Sofria enorme angústia devido às brigas; sentia imensa raiva do pai, a quem responsabilizava pelos conflitos com a mãe, com ela e com a irmã caçula.

Aos poucos surgiram também conflitos com o grupo de pares, em função de diferentes modelos de isolamento social. Há os que "*seguem um protocolo mais fechado, até os que vão a baladas e festas*". Vera se mantinha isolada e ao mesmo tempo prisioneira, brigando com as amigas mais liberais, que "*furavam a quarentena*" e não tinham "*responsabilidade*".

Aos poucos pergunta-se se o isolamento era mesmo proteção ou prisão, para evitar comportamentos mais livres e aventuras. Fala muito e bem rápido de maneira que muitas falas não consigo entender. Digo-lhe da pressa com que vive e do desejo de que esse tempo passe logo. Não só de pandemia, mas de transformações e constituição de si própria. Sente-se submetida à uma autoridade maligna invisível, que ela quer enfrentar, mas não consegue: um misto de figura paterna, Coronavírus e Presidente da República.

Seria uma rebelião fértil, como aponta Green? Vera resolve combinar uma visita a casa de uma amiga; a mãe consente, provavelmente também desgastada com os conflitos e o isolamento. Era uma fachada, pois significava a ida a uma festa. Vera se aventura, aproveita a festa, beija um menino e volta para casa apavorada de culpa: "*E se eu passo Covid para o meu pai? Ele tem outras doenças, pode morrer!*".

O desespero e a imensa culpa a imobilizam. Fica sabendo que pessoas da festa estavam com Covid. Eu lhe digo: "*Você está tão preocupada com seu pai... parece que gosta muito dele...*". Vera se irrita, fica brava, mas aos poucos me diz: "*Eu não quero que ele morra...*". Eu lhe proponho: "*Às vezes, quando a gente fica com muita raiva, a gente pensa o contrário... tomara que morra...*".

Vera se comove profundamente:

V: — *Quantas vezes eu pensei isso nestes tempos! Eu várias vezes imaginei como ia ser nossa vida sem meu pai, só eu a minha irmã e a mamãe. Eu me sinto muito culpada de pensar isso!*

A: — *A gente pensa que amor e ódio são opostos, mas na verdade convivem...*

Vera se surpreende muito em perceber que o mesmo pai é amado e odiado, e se assusta com os ataques possíveis que pode fazer para destruí-lo em sua mente, mas percebe que na vida "real" ele continua vivo.

Em seguida, os conflitos se arrefecem, o convívio fica mais ameno, e Vera consegue se dedicar a um trabalho artístico em que desenha as colmeias do sítio em várias perspectivas diferentes e também cores variadas. Mergulha nessa tarefa com paixão, admira-se com os desenhos, faz inclusive uma escultura!

Neste momento tenho a impressão de que a solidão imposta pelo isolamento e a solidão autoimposta começam a se modificar. Vera se interessa pelo paradoxo das abelhas serem capazes de atacar uma vítima com ferroadas, mas ao mesmo tempo fazerem mel! Em seguida pesquisa sobre elas e descobre que depois de ferroar uma pessoa a abelha morre, porque seu intestino se rompe ao deixar o ferrão no corpo da vítima! Vai se interessando por essa investigação e descobre também que a abelha só ataca quando se sente em perigo.

Aos poucos estas pesquisas vão sendo úteis para que possamos conversar sobre seu momento de constituição de si, e as ameaças de ficar "para sempre" prisioneira dos pais, perigo edípico imensamente intensificado pelo isolamento imposto pela pandemia. Além do medo da morte presentificado pelo vírus, surge o medo da morte psíquica, de não viver sua vida, ou como me dizia uma jovem há muitos anos "*medo de morrer sem ter vivido!*".

Tenho a impressão de que a rebelião, inicialmente estéril, se fertiliza e Vera pode alcançar um estado de solitude, no qual se sente acompanhada por ela mesma e por mim. No entanto, anseia pelos encontros presenciais em que possa me "*ver de corpo inteiro, e não pela tela do computador*".

Continua dizendo que assim, pelo vídeo, parece que ela veste "*aquela roupa de proteção com visor para mexer na colmeia e não pode experimentar o mel ... E você também, com proteção ... Será que pessoalmente a gente ia ter medo de chegar perto?*". Eu lhe digo que estamos chegando perto uma da outra, mas que ela sente que poderia chegar mais perto ainda. Vera se comove, balança a cabeça.

V: — *Ainda bem que consigo conversar com você desse jeito.*

A: — *Sozinha, mas também comigo né, Vera?*

Vera se comove e balança a cabeça afirmativamente.

Ao final deste trabalho, me lembro de Octavio Paz (1984), ao falar da constituição da identidade do povo mexicano e do necessário recolhimento no caminho da liberdade:

> *A solidão, o sentir-se e saber-se só, desligado do mundo e alheio a si mesmo, separado de si, não é uma característica exclusiva do povo mexicano. Todos os homens, em algum momento vida sentem-se sozinhos, e mais: todos os homens estão sós. Viver é nos separarmos do que fomos para adentrarmos no que vamos ser, futuro sempre estranho. A solidão é a profundeza última da condição humana. O homem é o único ser que se sente só e o único que é busca do outro. Sua natureza, se é que podemos falar em natureza para nos referirmos ao homem, exatamente o ser que se inventou a si mesmo*

> *quando disse não à natureza – consiste num aspirar a se realizar em outro. O homem é nostalgia e busca de comunhão. Por isso, cada vez que sente a si mesmo, sente-se como carência do outro, como solidão. (p. 175)*

Será que penso em Paz para me sentir acompanhada neste momento de solidão?

Referências

Bion, W. (1962/1997). *Aprendiendo de la experiencia.* Barcelona: Paidós.

Bion, W. (1963/2010). *Elementos de psicanálise.* São Paulo: Blucher.

Bion, W. (1987). Turbulência emocional. *Revista Brasileira de Psicanálise, 21*(1), 121-133.

Bion W. (2006). Mudança catastrófica. In W. Bion, *Atenção e interpretação.* São Paulo: Imago.

Blos, P. (1996). *Transição adolescente.* Porto Alegre: Artes Médicas.

Bolognini, S. (2004). O bar no deserto: simetria e assimetria no tratamento de adolescentes difíceis. *Revista Brasileira de Psicanálise, 38*(2), 259-269.

Brito, G. M. (2005). Solidão, tédio e desamparo: uma visão à luz do narcisismo. *Revista Brasileira de Psicanálise, 39*(2), 113-124.

Brito, G. M. (2009). Solidão e desamparo na adolescência e sua relação com a triangulação edípica. *ALTER – Revista de Estudos Psicanalíticos, 27*(2), 87-98.

Casseb, A. (2008). *Solidão na adolescência.* Trabalho apresentado no Congresso FEPAL Santiago 2008.

Dolto, F. (1998). *Solidão*. São Paulo: Martins Fontes.

Erickson, E. (1976). *Identidade, juventude e crise*. Rio de Janeiro: Zahar.

Freud, S. (1905/1972). Os três ensaios sobre a teoria da sexualidade (As transformações da puberdade). In S. Freud, *Edição standard brasileira das obras completas de Sigmund Freud* (Vol. VII). Rio de Janeiro: Imago.

Freud, S. (1920/2010). *Além do princípio do prazer (*Paulo Cesar Souza, trad.,vol. 14). São Paulo: Companhia das Letras.

Ferrari, A. (1996). *Adolescência: o segundo desafio*. São Paulo: Casa do Psicólogo.

Ferrari, A. (1982). Melanie Klein. *Revista Brasileira de Psicanálise*, 16, 257-265.

Fontes, M. H. (2002). Uma sessão de análise e outros devaneios. *Revista Brasileira de Psicanálise*, *36*(1), 89-107.

Guignard, F.(1997) Adolescência, sábia loucura: doença do sonho e da atuação. In *O infantil ao vivo- Reflexões sobre a situação analítica*. Rio de Janeiro: Imago.

Green, A. (1994). Punto de vista del psicoanalista sobre la psicosis en la adolescencia. *Revista de Psicoanálisis de Niños y Adolescentes*, 7, 74-89.

Jeammet, P., & Corcos, M. (2005). *Novas problemáticas da adolescência: evolução e manejo da dependência*. São Paulo: Casa do Psicólogo.

Klein, M. (1963/1991). Sobre o sentimento de solidão. In *Inveja e Gratidão e outros trabalhos, 1946-1963*. Rio de Janeiro: Imago.

Laufer, M. (2004). Sobre algumas questões preliminares do trabalho psicanalítico com adolescentes (Biblioteca SBPSP, trad.).

(Texto original publicado em *Adolescence, 1*(27), 239-245, 1995)

Marai, S. (2006). *Confissões de um burguês.* São Paulo: Companhia das Letras.

Mattos, J. A. J. de, & Britto, G. M. Supervisão de Bion A35. Acervo particular das supervisões de Bion.

Ogden, T. (1997). *Some Theoretical Comments on Personal Isolation in Encounters with Autistic States.* London: Jason Aronson.

Paz, O. (1984). *O labirinto da solidão e post-scriptum.* Rio de Janeiro: Paz e Terra.

Rosa, J. G.(2001) *Grande sertão: veredas.* Rio de Janeiro: Nova Fronteira.

Rosemberg, M., & Boraks, R. A. (1999). *Paradoxal resistência do analista.* Trabalho apresentado na SBPSP em 25 nov. 1999, com comentários de Ester H. Sandler.

Scafuzca, A. C. M. (2006). Solidão isolamento na clínica da adolescência. In M. R. Cardoso (Org.), *Adolescentes.* São Paulo: Escuta.

Veloso, C. (1986). Dom de Iludir. In *Totalmente demais* [LP]. Rio de Janeiro: Philips.

Winnicott D. W. (1963/1983). *O ambiente e os processos de maturação: Estudos sobre a teoria do desenvolvimento emocional.* Porto Alegre: Artmed.

4. A intuição e a subjetividade do analista como instrumentos para construções oníricas

Carmen C. Mion

> *Dentro de nós há uma coisa que não tem nome, essa coisa é o que somos.*
>
> *Saramago, 1995*

São inúmeras as fronteiras geográficas, culturais, políticas, sociais, raciais e religiosas com que nos deparamos cotidianamente. Frequentemente, no entanto, encontramos resistências de toda sorte aos movimentos que buscam atravessá-las ou mesmo atenuá-las. Creio não ser diferente em relação à percepção e às tentativas de travessia das nossas próprias fronteiras internas, as inúmeras cesuras psíquicas com as quais nos deparamos cotidianamente e as vias ou movimentos que buscamos em nossa prática para que possamos, senão atravessá-las, vislumbrar o outro lado desses "espelhos transparentes" (Bion, 1992) por meio dos sonhos (trabalho-de-sonho-alfa) e seus territórios compartilhados.

Ao abordar o sonho como a via régia para o *inconsciente*, essa primeira fronteira no interior do homem a ser estudada, já que jamais abordada antes pela ciência, Freud inaugurou um campo de conhecimento que tem o sonho como paradigma. O campo em que a prática clínica psicanalítica se estabeleceu foi o território do reprimido, aquele com o qual nós analistas estamos familiarizados; conhecemos seus caminhos e passagens pelas quais nos movemos com nossos pacientes "neuróticos". Aqui, as turbulências emocionais e somáticas que o psicanalista e o paciente experimentam no consultório podem ser simbolizadas e "sonhadas" a partir de elementos da vida psíquica do paciente e do próprio psicanalista, por meio das associações livres e atenção flutuante. Ou seja, há uma transformação das impressões sensoriais internas e externas em elementos-alfa que acabarão por constituir os pensamentos oníricos de vigília e os sonhos (Bion, 1962). Mas o que acontece aos pacientes e à função psicanalítica quando as fronteiras entre as diferentes dimensões psíquicas e suas interfaces estão fechadas ou são mesmo inexistentes?

Os sonhos, sabemos, são algumas das criações humanas mais magníficas, enigmáticas, desconhecidas e criativas (Grotstein, 2000). Somos mais nós mesmos sonhando os sonhos que nos sonham. Às vezes, a imaginação e as imagens oníricas estão relacionadas a tentativas de alcançar significados, como uma mitologia privada, não necessariamente ao desejo. Por meio dos sonhos e do sonhar nos aproximamos de nós mesmos, atravessamos nossas fronteiras intrapsíquicas e intersubjetivas – lembrando que sonhar não basta, pois é necessário "sonhar" nossos sonhos, o que implica movimentos entre diferentes dimensões psíquicas (movimentos Ps«D e o desenvolvimento da relação ♀ ♂). Guiados por entre passagens ocultas em nossos sonhos, torna-se possível atravessarmos as cesuras entre diferentes dimensões psíquicas: psicossomática ↔ somatopsíquica, interno ↔ externo, consciente ↔ inconsciente, finito ↔ infinito, passado ↔ presente ↔ futuro. No entanto, as defesas alinhadas contra agonias e terrores impensáveis roubam do indivíduo a possibilidade de trabalho-de-sonho-α e pensamentos oníricos de vigília, eliminando, consequentemente, a pré-condição para o sonhar, o impulso criativo e a vida (Mion, 2019).

Para nós psicanalistas, essas questões de um espaço e tempo ou não-espaço e não-tempo são matérias do dia a dia de nossos consultórios. Como indica Bion (1977/1989), para o analista essas questões são práticas, não teóricas.[1] O trauma aparece aqui como terrores e agonias que não podem adquirir sentido e que excedem em intensidade a capacidade de serem experenciados, vividos psiquicamente, pelo sujeito. Em outras palavras, tudo que não pode acontecer no contexto de uma relação humana e ser experenciado como sonhos compartilhados e/ou realidade compartilhada tende a ser colocado no campo do não humano, torna-se impensável e desperta terrores e agonias inomináveis. Nos últimos anos, como observam Levine, Reed e Scarfone (2013), vem crescendo o número de autores psicanalistas que passaram a considerar em suas clínicas que, além da análise das partes neuróticas (não-psicóticas) da mente, existe também a necessidade de trabalhar de modo a criar ou reforçar estruturas psíquicas fracas, ineficientes ou inexistentes, que impossibilitam ao paciente representar psiquicamente e sonhar resultando na ausência de um "espaço" psíquico para o onírico. Atualmente, temos disponível uma ampla bibliografia relacionada ao nível de funcionamento psíquico mais intimamente associado com o não-representado, experiências pré-verbais da mente primordial e/ou traumas precoces, transtornos do espectro autista, de estados de profundo desamparo psíquico e/ou de desintegração/não integração.

1 Esse texto foi baseado em trabalho originalmente apresentado na Bienal SBPSP "Fronteiras da Psicanálise: a clínica em movimento", em agosto de 2020. Desde então, como analistas pudemos observar uma acentuação e ampliação dos fenômenos clínicos aqui mencionados.

Cito aqui apenas alguns fenômenos e correspondentes conceitos que fazem parte da clínica contemporânea e que estariam incluídos no campo do não-representado: a própria pulsão de morte, a compulsão à repetição e os traumas em Freud (1920, 1937); a mente primordial, a consciência moral primitiva, o uso da capacidade de *reverie*, intuição do analista e transformações em "O", em Bion (1975/1989); a descatexia e o conceito da "mãe morta", a alucinação negativa e os fenômenos proto-psíquicos, em Green (2002/2008); a regressão fusional e dependência absoluta, o objeto-subjetivo e o objeto transicional, em Winnicott (1954/1987); o objeto transformacional em Bollas (2009); a teoria do campo como uma criação de duas mentes, as transformações em sonho e o trabalho de narrativa construída pela dupla, em Ferro (2015); o termo figurabilidade, do casal Botella (2005), para representação de objeto que se apresenta ao analista formando uma imagem que estrutura e transmite algo ainda sem representação na psique do paciente ou do analista; a abordagem das patologias psicossomáticas como restrições dos conflitos à esfera somática, completamente desprovidos de simbolização, às vezes com riscos de morte, propostos pelos franceses Marty e M'Uzan (1963), entre outros.

Nesse campo, Roosevelt (Cassorla, 2008b) descreveu como o desenrolar de um impasse analítico pode resultar em um *enactement* inconsciente como uma cocriação de algo nascente que dê forma a algo nascente ainda sem representação ou incipiente. Só depois da figuração ter acontecido é que poderá haver algo a ser reprimido e posteriormente desvelado. Por sua vez, Levine et al. (2013) ressaltam que as palavras são no início percepções sensoriais auditivas que têm acesso direto à consciência, opondo-se à sua função semântica, e assim também implicam uma relação com o objeto pois tornam-se uma memória (notação) de um som feito por outro, pelo objeto. Hoje sabemos que um bebê recém-nascido reconhece sons ouvidos durante a vida intrauterina. As palavras então seriam apresentadas inicialmente ao aparelho sensorial, resultando na prática que algumas vezes, dependendo do que está emergindo na sessão, o paciente será tocado pelo tom da voz do analista (a música da fala) pouco importando o conteúdo veiculado (Mion, 2006). Green (2002/2008) aponta os seguintes fatores que acredita serem comuns a todos esses estados, independente da filiação teórica dos autores: a confusão entre sujeito e objeto; o fato de que a capacidade de simbolizar depende do objeto; a necessidade do objeto para integração estrutural. Os sintomas apareceriam contidos em quatro grupos:

1. exclusão somática, como nas doenças psicossomáticas;
2. expulsão via ação, como nas atuações em geral cuja razão o paciente desconhece (vistas agora como comunicações), atuações masoquistas, adições, com a finalidade de aliviar a dor psíquica;
3. cisões com identificações projetivas violentas aliadas a uma resultante área de solidão, localizada em camadas mais profundas do self;
4. descatexia, desinvestimento ou desligamento afetivo, onde um objeto necessitado, porém não representado, pode tornar-se um perseguidor interno eternamente presente e um objeto idealizado onipotente e crítico, resultando em impossibilidade de pensamento (só é possível o pensamento psicótico) ou a depressão vazia, onde o paciente tenta se ater a um certo estado de vazio aspirando ao *nada* ao *não-sendo,* para fugir à intrusão ou à separação do objeto, que se torna persecutório ou idealizado (Mion, 2019). Nessa situação, por um lado, o paciente relaciona-se a um objeto mau interno que está sempre invadindo e, por outro, o bom objeto que o sustentaria torna-se inacessível; como ambos são parte do mesmo objeto, torna-se impossível constituir a ausência. Winnicott (1971/1984) aproxima-se a essas observações quando descreve quebras ou fraturas na

continuidade da existência da criança, que se seguem a determinadas falhas do objeto (ausência muito prolongada do objeto primário, às vezes depressões profundas ou surtos psicóticos) levando aos vazios ou buracos psíquicos ausentes de sentidos ou significados por desinvestimento do objeto.

Com a afirmativa de que para nascer um psiquismo é necessário outro psiquismo, capaz de pensamento onírico, Bion abriu o campo do intersubjetivo na relação analítica, dos "territórios" oníricos compartilhados e flutuações nas fronteiras eu/outro. Do ponto de vista da técnica, colocou a pessoa do analista na sala de análise. Com isso, a presença da subjetividade do analista adquire importância na relação analítica, possibilitando-lhe uma observação fina, a utilização de sua intuição analiticamente treinada e informada, e a captação do fato selecionado no campo criado pela dupla. O analista acolhe os sonhos não sonhados do seu paciente, nele depositados, e que o fazem experimentar emoções, pensamentos selvagens, afetos que tornam possível ao analista "digerir" e comunicar o que o paciente não pode conter ou elaborar. A sessão passa a ser uma sucessão de movimentos resultantes da interação das duas mentes, desde o início do encontro.

Se partimos com esses autores da premissa de que o papel do objeto primário é decisivo, não há experiência emocional desvinculada de uma relação. Os encontros entre analista e analisando na sessão analítica são impregnados pela emoção. Quando despojada de emoção, a relação aproxima-se do inanimado, diminui a sua vitalidade, e nos deparamos com o negativo dos vínculos. O encontro, despojado dos conteúdos emocionais vivos, torna-se "tecnológico" e causa-nos profunda estranheza no contato com o paciente. A partir do modelo da *rêverie* materna frente às identificações projetivas do bebê, por meio da sua continência, função-alfa e capacidade de acolher, transformar e nomear os terrores vividos, será construída a capacidade de representar psiquicamente (Bion, 1962). O infante irá progressivamente se tornando capaz de representar o objeto na sua ausência, constituindo um "objeto interno", que lhe permitirá tolerar a ausência do objeto real. Intrapsiquicamente poderíamos dizer que ocorre o desenvolvimento de um processo de construção de um espaço psíquico para o sonhar; no dizer de Bion, a introjeção do aparelho para pensar, a relação continente/conteúdo (♀♂).

Seja por uma falha do objeto primário, excessivamente traumático ou não suficientemente bom, seja por incapacidade de tolerar a frustração, voracidade e destrutividade do bebê, com a ressalva que se trata sempre de uma interação entre ambos, a capacidade de manter o objeto internamente será destruída, interrompida ou nem chegará a se desenvolver, um desastre que pode envolver a própria preconcepção. Nessas situações, ocorreria uma falha do vínculo entre a pulsão e o conteúdo inconsciente, a representação, formando "vazios" na estrutura psíquica. Como salientei em trabalho anterior (Mion, 2019) paradoxalmente, esse colapso que ocorreu no passado ainda "não aconteceu para o paciente", porque não pôde ser "experenciado" pelo sujeito. Assim, podemos encontrar o paradoxo de uma organização defensiva desenvolvida inconscientemente pelo paciente para evitar uma temida catástrofe futura, que na realidade já aconteceu. "Experenciar" esse episódio passado pela primeira vez no presente com o analista, seria o equivalente a levantar a repressão no paciente neurótico (Winnicott, 1954/1987). Em outras palavras, os sintomas que alguns pacientes nos apresentam são remanescentes e/ou consequências de um desastre e ocultam, mais do que revelam, o caminho ou as vias que o analista poderia seguir até a dor primordial. Na medida em que não alcançam representação, essas experiências não estão associadas com referências de tempo e espaço, o que as torna sofrimentos sem vislumbre de fim e sem possibilidade de serem vividas emocionalmente como travessias. A experiência clínica continuamente nos apresenta evidências de algo remanescente de estados mentais que poderíamos localizar na pré-história de alguns pacientes adultos (Cassorla, 2008; Korbivcher, 2005; Sapienza, 2008).

Em situações clínicas semelhantes às abordadas aqui, Winnicott (1965/1984) aponta o risco de nos tornarmos cegos para o eu primordial do paciente, se nos deixarmos enganar pela presença de um adulto articulado. Isso coincide com a observação de Bion (1975/1989) de que, em certas situações, olhar o paciente como adulto pode ser tão intrusivo que nos cega a sentimentos que não são evidentes para os sentidos. As construções que fazemos a respeito de estados ainda sem representação partem dos detalhes fatuais e emocionais das interações no aqui e agora da relação analítica, que passam a adquirir significado, coerência e continuidade. O foco do analista é o material para o qual ele tem evidência direta, isto é, a experiência emocional da dupla analítica no momento da sessão ("O"); e a tarefa analítica consistirá em "sonhar" o encontro da dupla, analista e paciente, a partir da capacidade do analista para *rêverie* (devaneio), uso de conjecturas imaginativas, contratransferências e intuição no campo intersubjetivo, sendo capaz de acolher e pensar os seus próprios pensamentos oníricos de vigília. Com sorte, o analista será capaz de conter, sonhar e discernir a qualidade psíquica que o paciente não é capaz de perceber e que provoca seu sofrimento, ou seja, a qualidade psíquica do conteúdo emocional não-vivido e/ou sentido como uma angústia, desespero, medo, vazio, pânicos, vividos como um perseguidor que precisa ser eliminado ("*quero me livrar disso*").

Em vez de focar principalmente nas ansiedades, defesas, cisões, retorno do reprimido ou fantasias inconscientes, embora eventualmente elas se revelem na interação da dupla, o analista se volta para a possibilidade de fortalecimento ou mesmo desenvolvimento de capacidades e estruturas psíquicas do analisando, a partir de uma relação viva. Ambos se nutrem da experiência, em direção à expansão psíquica da dupla. O desenrolar desse processo vai depender das qualidades psíquicas do analista que serão comunicadas ao paciente por meio dos canais de comunicação afetivos, e dos seus inevitáveis impactos sobre a mente do paciente. Com isso, na cena analítica, o não-saber, no aqui e agora da relação, vem para o primeiro plano, favorecendo um vínculo de intimidade e criatividade ao longo do tempo. Uma mudança de foco para o fortalecimento, criação e desenvolvimento de capacidades psíquicas. Situações nas quais me parece que a necessidade de converter a experiência emocional em sonhos torna-se mais importante do que converter sonhos em experiência consciente racional, como propôs Freud.

A presença da subjetividade do analista na sala de análise amplia as possibilidades de descrição do humano na atualidade para que se possa existir e ser como um lugar básico a partir do qual se opera e não se perca a esperança na possibilidade de encontros. É necessário um psicanalista capaz de receber, conter e "sonhar" as sensações do paciente que não têm representação psíquica, a não ser sentimentos de vazio, pensamento operacional, terrores e agonias impensáveis. A escuta aos derivativos do inconsciente no discurso, no contato com o paciente e a atenção do analista às suas próprias *rêveries* representam dois instrumentos, entre outros citados, que ajudam a construir uma cartografia acurada na travessia dessas fronteiras. Destacando a importância da linguagem utilizada pelo analista na experiência da sessão, Sapienza (2008) sugere a leitura assídua de poesia pelos analistas como um auxiliar valioso na função de desintoxicar terrores talâmicos e sub-talâmicos, assim como romper bloqueios mentais e encapsulamentos autísticos.

Bion não se refere a uma estratégia técnica, mas à posição do psicanalista na sala de análise, no aqui e agora da sessão, ao estar consigo mesmo para poder estar com o paciente. Sem memória ou desejo, abstraindo-se do discurso aparentemente lógico do paciente, levantar os limites da própria atividade racional do psicanalista. Como um marinheiro que atravessa tempestades precisa esquecer mapas e cartografia, o psicanalista deve poder perder-se, esquecer a categorização de pensamentos que pertence ao estado habitual de vigília; ser um ouvinte receptivo e continente, confiando mais na própria *rêverie* (devaneio), capacidade negativa e na possibilidade de movimentos PS↔D, do que na eventual atribuição de "conhecimento" e significados. Um analista presente de corpo e alma, capaz de transformar a ausência não representável em presença, de atravessar suas próprias fronteiras /cesuras sem se assustar ou imobilizar, e transcender seus próprios vértices sem perdê-los de vista. Um processo sustentado no tempo pela presença do psicanalista em um ambiente capaz de proporcionar estabilidade, continuidade e autenticidade, condições fundamentais para a constituição de um sentido de si.

Outro capítulo da história seria o fomento das condições psíquicas a serem privilegiadas durante nosso processo de *vir a ser* psicanalistas, que nos possibilita desenvolver um estado mental de receptividade e atenção, com a possibilidade de viver uma "mente em trânsito" sem portos seguros para atracar. Como Bion pergunta em "Caesura" (1975/1989): "com que facilidade você pode mudar mentalmente sua posição, seu vértice, para poder quase ver os dois lados?" (p. 56). Bion sugere que podemos compreender essas transformações da mesma maneira que fazemos, por exemplo, para compreender música, utilizando a disciplina e as regras, por assim dizer, que governam as alucinações. Esse seria o domínio ao qual pertencem as transformações de e em "O".

Com o conceito de uma mente multidimensional, torna-se necessário agora ao analista abrir caminhos e passagens, atravessar suas fronteiras/cesuras entre as diferentes dimensões psíquicas. Penso que a função do analista envolve não apenas ideias em trânsito, mas um analista com uma mente trânsito, um "vir a ser" no sentido de poder transcender seus vértices sem perdê-los de vista, "ver" ambos os lados dos inúmeros espelhos/cesuras com os quais, como Alices, nos deparamos diariamente. Encontrar com os seus pacientes as sensações ou emoções que nunca atingiram a consciência e acompanhá-los na travessia de suas cesuras.

Para que os pensamentos oníricos sejam possíveis, torna-se condição necessária ao analista, a tolerância à dúvida e a um sentido de infinito, além de compaixão madura e respeito pelo paciente. Acolhimento amoroso e liberdade do objeto com paciência, tolerância e empatia formam a trama da rede continente a serem preenchidos com conteúdos emocionais.

Para tanto, é necessária ao analista a capacidade de ser parte e, ao mesmo tempo, estar separado da experiência, mantendo-se a função analítica

Referências

Barros, E. R. (2000). Affect and pictographic image: the constitution of meaning in mental life. *Int. J. Psychoanal.*, 81, 1087-1099.

Bion, W. R. (1962). *Learning from experience*. London: Heinemann.

Bion, W. R. (1973/1978). Bion's Supervisions in Sao Paulo, from 1973 to 1978. London: The Roland Harris Educational Trust.

Bion, W. R. (1992). *Cogitations*. London: Karnac Books.

Bion, W. R. (1975/1989). Caesura. In W. R. Bion, *Two papers – the grid and caesura* (p. 56). London: Karnac Books.

Bollas, C. (2009). *A questão infinita.* Porto Alegre: Artmed.

Botella, S., & Botella, C. (2005). *The work of psychic figurability.* Oxfordshire, UK: Routledge.

Cassorla, R. M. (2008). The analyst's implicit alpha-function, trauma, and enactment in the analysis of borderline patients. *Int. J. Psychoanal.*, *89*(1), 161-180.

Cassorla, R.M.S. (2008b). O analista, seu paciente e a psicanálise contemporânea: considerações sobre indução mútua, enactment e "não sonho a dois". *Revista Latinoamericana de Psicoanálisis,* v8, pp. 189-208.

Ferro, A. (2015). *Torments of the Soul.* Oxfordshire, UK: Routledge.

Freud, S. (1920). *Beyond the pleasure principle* (Standard Edition, vol. 18, pp. 7-64).

Freud, S. (1937). *Constructions in analysis* (Standard Edition, Vol. 27).

Green, A. (2002/2008). *Orientações para uma psicanálise contemporânea.* Rio de Janeiro: Imago.

Grotstein, J. S. (2000). *Who is the dreamer who dreams the dream? A study of psychic presences.* Hillsdale: Analytic Press.

Korbivcher, C. F. (2005). The theory of transformations and autistic states: autistic transformations: a proposal. *Int. J. Psychoanal., 86*(6), 1595-1610.

Levine, H. B. (2012). The colorless canvas: representation, therapeutic action, and the creation of mind. *International Journal of Psychoanalysis*, 93, 606-629.

Levine, H. B., Reed, G. S., & Scarfone, D. (2013). *Unrepresented states and the construction of meaning*. London: Karnac Books

Mattos, J. A. J., & Braga, J. C. (2009). *Consciência moral primitiva: um vislumbre da mente primordial.* Trabalho apresentado em Scientific Meeting, SBPSP, São Paulo.

Marty, P., & M'Uzan, M. De (1963). La pensée opératoire. *Revue Française de Psychanalyse*, 2y (Spécial), 345-356.

Mion, C. C. (2006). The stranger. *Int. J. Psychoanal.*, 87, 125-143.

Mion, C. C. (2012). *Conjectures about dreams, memories, and caesuras.* Trabalho apresentado em Bion International Meeting. Los Angeles, CA.

Mion, C. (2019). Des-construção e Trans-formação: sonhando a formação psicanalítica. *Jornal de Psicanálise*, v.52 (n° 96).

Ogden, T. (2004). This art of psychoanalysis: dreaming undreamt dreams and interrupted cries. *Int. J. Psychoanal.*, 85, xx-xx.

Sapienza, A. (2008). *Alfa-function: catastrophic anxiety – panic – continent with reverie.* Paper presented at Bion Conference. Roma.

Saramago, J. (1995). *Ensaio sobre a cegueira.* São Paulo: Companhia das Letras.

Winnicott, D. W. (1954/1987). Metapsychological and clinical aspects of regression within the psychoanalytical set-up. In D. W. Winnicott, *Through pediatrics to psychoanalysis* (pp. 278-294). London: Hogarth Press.

Winnicott, D. W. (1962). The aims of psycho-analytical treatment. In D. W. Winnicott, *The maturational processes and the facilitating environment.* Madison: International Universities Press.

Winnicott, D. W. (1963/1989). The fear of breakdown. In D. W. Winnicott et al., *Psycho-analytic explorations* (p. 81). Cambridge, MA: Harvard University Press.

Winnicott, D.W. (1965/1984). Dissociação revelada numa consulta terapêutica. In *Privação e delinquência* (pp. 291-319). São Paulo: Martins Fontes, 199.

Winnicott, D.W. (1971a/1984) Introdução. In *Consultas terapêuticas* em *psiquiatria infantil* (pp. 9-19). Rio de Janeiro: Imago.

5. Bion e o sentimento de encantamento (*wonderment*) como depuração do impulso religioso primordial[1]

Cassio Rotenberg

> *... a realidade fundamental é "infinita", o desconhecido, a situação para qual não há nenhuma linguagem que se aproxime de descrevê-la — nem mesmo a linguagem que se toma de empréstimo ao artista ou à religião.*
>
> Bion, 2000, p. 384

Desde que a ideia de escrever este artigo foi amadurecendo em mim, crescia meu entusiasmo com a possibilidade de me debruçar sobre um campo que considero essencial para a psicanálise, ainda que sua apreensão seja fugaz e de difícil comunicação. No estudo da obra de Bion, tem me chamado a atenção a consideração e o interesse marcantes que o autor tinha pela vitalidade/vivacidade que uma experiência analítica poderia proporcionar em oposição ao acúmulo de conhecimento sem um correspondente incremento de sabedoria que tal atividade pode facilmente oferecer. Por considerar essa questão uma das evidências da permanente dificuldade

1 Este trabalho foi apresentado em Reunião Científica em 3 de agosto de 2013.

que o animal humano encontra em estabelecer uma sintonia maior com sua real dimensão na escala da vida, é fundamental que a reflexão sobre nossa "ilimitada ignorância"[2] não seja negligenciada e que, desse modo, possamos ficar menos propensos às opacidades (Rotenberg, 2010), tão amigas de nossa espécie.

O tópico que despertou meu interesse foi a capacidade de nutrir sentimentos de *awe*, de que Bion tratou sobretudo em seus últimos escritos e conferências. Ao manter a grafia em inglês, procuro salientar e reconhecer a dificuldade de se encontrar na língua portuguesa uma palavra que faça jus à amplitude que o termo *awe* alcança na língua inglesa, assim como a dimensão que ele adquiriu por intermédio da visão diferenciada de Bion. Mesmo diante de tal limitação, acredito que seja possível intuir a que campo emocional a expressão procura apontar. Ao longo deste artigo, o leitor perceberá também que acabei não me limitando a uma única tradução da palavra *awe*.[3]

Mesmo tendo em mente que o instante em que a psicanálise adquire verdadeiro sentido é na experiência única que a clínica propicia, considero uma prova contundente e impressionante de sua vitalidade o legado deixado por Freud, Klein e Bion. Além de uma extensa riqueza teórica, esses autores nos proporcionaram vislumbres de sabedoria atemporal, assim como uma vasta literatura "científica" publicada. Contamos cada vez mais com edições "informais", como correspondências, principalmente as de Freud, e ainda com seminários e supervisões, como no caso de Bion e de

---

2 "Esta, com efeito, é a principal fonte da nossa ignorância: o fato de que nosso conhecimento só pode ser finito, mas nossa ignorância deve, necessariamente, ser infinita. ... Vale lembrar que, embora haja uma vasta diferença entre nós no que diz respeito aos fragmentos que conhecemos, somos todos iguais no infinito da nossa ignorância." (Popper, 2003, p. 57) .

3 Para facilitar, ponho entre parênteses a palavra original, a fim de realçar a escolha feita em cada situação.

Klein.[4] A possibilidade de vislumbrar de modo mais informal o pensamento de pensadores dotados de grande capacidade intuitiva como eles nos proporciona algo da qualidade da tradição oral enfatizada por John Rickman.

Rickman (1951), analisando de Freud, Ferenczi e Klein, e analista de Bion no final da década de 1930, enfatizou a importância da "tradição oral" na transmissão da psicanálise. Empregando um raciocínio sagaz, Rickman afirmou que as pessoas que acreditam na psicanálise tão somente como ciência podem se confortar com a crença de que encontrarão tudo de que necessitam na literatura psicanalítica, enquanto aquelas que creem ter a psicanálise algo de artístico já terão aprendido muito mais com seus mestres do que estes supunham estar lhes oferecendo.

Ao longo de sua obra, Bion fez usos diferentes do termo *awe*. A primeira vez em que utilizou a palavra foi em seu livro *Experiences in groups and other papers* (1961):

> *Os silêncios num grupo de dependência são, por conseguinte, expressões da determinação em negar ao líder o material de que ele necessita para a investigação científica e, através disso, impedir desenvolvimentos que pareçam solapar a ilusão de segurança derivada de estarem sendo cuidados por um mágico – ou expressões de devoção adoradora pelo líder, como mágico. Muitas vezes, a uma interpretação se seguirá um silêncio que é muito mais um tributo de temor reverencial (awe) que uma pausa para o pensar. (p. 85, tradução minha)*

---

4 A Wellcome Library dispõe de cerca de 25 mil páginas de material inédito de Melanie Klein. Desde 1981, a instituição passou a organizar e a catalogar tal acervo, que contém escritos clínicos e textos sobre técnica e teoria psicanalítica.

No trecho, Bion descreve um estado de mente que serve de barreira ao pensamento (no caso, de um grupo), impedindo sua evolução. Nesse instante, a manifestação de *awe* representa impossibilidade de maturidade, portanto de autonomia, revelando incapacidade de progredir como grupo de trabalho. A escolha da expressão "temor reverencial" me parece mais do que adequada nesse contexto.

Quanto à escolha de tradução para a palavra *awe* nos contextos que serão mencionados neste trabalho, antes de mais nada, acredito ser útil nos concentrarmos em algumas definições registradas no imponente *Oxford English Dictionary* (vinte volumes para abarcar suas 600 mil definições e mais de 3 milhões de citações), que fornece observações iluminadoras. O *Oxford* informa que a primeira manifestação escrita da palavra *awe* na língua inglesa surge no ano 855, como palavra derivada do nórdico antigo[5] e denotando "medo imediato e ativo; terror, pavor". Por volta do ano 1000, ainda de acordo com o *Oxford*, *awe* significava "respeito com um fundo de medo". Com o passar dos séculos seu significado vai sendo incorporado pela então influente esfera religiosa, passando a designar um estado de mente "reverencial" quando na presença da suprema autoridade, suscitando pavor e respeito mesclados com veneração e deslumbramento. Desde então, seu equivalente em português, "temor reverencial", vem sendo comumente utilizado, sentido que predomina em seus dez séculos de existência documentada até os dias de hoje.

Também de acordo com o *Dicionário Oxford*, com o passar do tempo a palavra foi adquirindo um segundo significado, desgarrando, então, de sua conotação religiosa inicial. Mesmo guardando o significado adquirido no decorrer dos séculos, relegou o temor a um plano latente. Nessa outra acepção, ocorre ao indivíduo um

5 Linguagem contida em diversos dialetos da Escandinávia e falada pelos vikings, que povoaram a Inglaterra e a Escócia entre os séculos VIII e XI.

sentimento arrebatador de maravilhamento, admiração ou encanto (*wonderment*) ao se ver diante do sublime que a natureza, com toda a sua grandiosidade, lhe oferece. Ou então, por exemplo, ao se apreciar uma obra de arte.

Após a solitária menção feita ao sentimento de *awe* em *Experiences in groups*, Bion só volta a se referir ao termo em 1967, quando publica *Second thoughts: selected papers on psycho-analysis*, que contém seus primeiros artigos escritos entre 1950 e 1962, com o acréscimo de comentários significativos, que mostram a evolução de suas ideias. Nessa nova alusão, o sentimento de *awe* tem seu sentido ampliado quando Bion (1967) pondera que o psicanalista "aceita a realidade de reverência e *awe*", considerando-a uma manifestação indispensável para um crescimento mental harmônico, e que dificuldades na personalidade impedem a livre expressão de tais sentimentos, assim como a possibilidade de "*atonement*" (termo emprestado da tradição mística) com O (p. 145).

Nessas condições, a manifestação de *awe* é vista como um ato gerador de crescimento, diversa, portanto, do exemplo anterior, no qual sua manifestação denotava impossibilidade de crescimento. Com a ampliação desse conceito, Bion pôde fazer uso (até pelas amplas possibilidades que a língua inglesa permite) de uma mesma expressão para designar situações aparentadas mas não idênticas. Acredito que, ainda que no caso de *Experiences in groups* a tradução "temor reverencial" tenha servido, ela não terá a amplitude necessária para abarcar o sentido diferenciado que Bion nos propõe a partir de *Second thoughts*. Desse modo, considerei a possibilidade de também utilizar outro termo, e minha escolha recaiu sobre a palavra *wonderment*, com frequência traduzida como encantamento, maravilhamento e admiração. Para evitar uma certa superficialidade que esses termos podem carregar em português, acrescento a expressão "perplexidade", elemento importante para chegarmos a uma aproximação razoável da configuração emocional que considero ter sido a apreensão de Bion. Desse modo, mesmo que a palavra "perplexidade" não apareça no texto, tal estado será considerado presente. "... 'Amor apaixonado' é o mais próximo que consigo chegar de uma transformação verbal que 'represente' a coisa-em-si, a realidade última, o 'O' como o denominei ..." (Bion, 1991, p. 183).

Na reunião de homenagem póstuma à memória de Bion, realizada em 20 de fevereiro de 1980 na Sociedade Britânica de Psicanálise, Francesca Bion nos brindou com uma introdução escrita por Bion para uma antologia de poesias dirigida a psicanalistas, que ele pretendia publicar. Um livro que "poderia ser útil não para o profissional cuja condição psicanalítica seja atestada por uma certificação, mas para a coisa verdadeira [*the real thing*]" (F. Bion, 1981, p. 4). Acredito que a sagacidade de Bion em relação às nossas dificuldades de reconhecer a "coisa verdadeira" ou de simplesmente "sermos" o aproximou de poetas como Keats e William Blake, igualmente respeitosos e interessados na investigação dessas fronteiras inalcançáveis e inefáveis da realidade última. A questão do incremento da capacidade intuitiva do analista permanece um assunto da maior importância. Acredito que o diminuto e solitário parágrafo que reproduzo a seguir vale um livro:

> *É fácil nesta Era da praga não de pobreza e fome, mas de abundância, fartura e gula, perder nossa capacidade para o encantamento (*awe*). É bom que o poeta Herman Melville nos lembre que existem muitas maneiras de ler livros, mas muito poucas de lê-los adequadamente, isto é, com encanto (*awe*). Como isso é verdadeiro quando se trata de "lermos" as pessoas [...] Recorro aos poetas porque eles parecem dizer algo de uma forma que está além dos meus poderes e, mesmo*

> *assim, de um modo que eu mesmo escolheria se fosse capaz. O inconsciente, por falta de palavra melhor, parece mostrar o caminho para a "descida às profundezas", seus domínios têm uma qualidade inspiradora de maravilhamento* (awe-inspiring). *(Ibid)*

As últimas publicações de Bion nos remetem a uma experiência ímpar de um questionar profundo por intermédio da linguagem coloquial, deixando de lado jargões psicanalíticos. Neste artigo, recorro sobretudo às conferências brasileiras, fonte de considerável riqueza "informal". No primeiro trecho, retirado da conferência de 1974, realizada no Rio de Janeiro, surge o tema do "impulso religioso primordial" e seus possíveis desdobramentos, tema muito caro, penso eu, aos psicanalistas. A comparação feita entre o menino que idolatra um jogador de futebol e o adulto que, de modo anacrônico, nutre sentimentos da mesma espécie merece consideração:

> *Se nos inclinamos a dizer que um paciente está se comportando de um modo que tenderíamos a considerar onipotente, não podemos compreender esse comportamento até nos permitirmos saber qual religião o indivíduo está de fato expressando e de qual religião ele é devoto [...] mas antes de embarcar em interpretações sobre a onipotência do paciente seria útil termos alguma ideia sobre a que religião essa pessoa racional do século XX está colada. Por exemplo, fica claro, a partir das manifestações de admiração de um garotinho, que um professor em particular ou um jogador seja tão importante para ele que se poderia dizer que ele o venera. Como analistas, devemos levar a sério essa afirmação; temos de considerar que*

> *para esse menino seu deus joga futebol; o jogador de futebol é seu deus. Não há nada de errado nisso, é apropriado para este universo em particular. Mas suponhamos que o menino cresça e se torne um homem de 25, 35, 45 anos que continue a idolatrar um jogador de futebol. Pode-se dizer que sua religião não progrediu; sua capacidade para a devoção, sua capacidade para awe (maravilhamento), para adoração, para admiração, para mistério não se desenvolveu; é um vestígio que não lhe serve mais psiquicamente, do mesmo modo que algum defeito anatômico o tivesse deixado com uma cauda pronunciada. A maior parte dos seres humanos já não necessita de uma cauda nem de uma religião vestigial. Mas se eles têm de fato uma religião vestigial, esse vestígio será tão psiquicamente destacado no mundo mental como uma cauda seria no mundo da anatomia e da fisiologia. A crença religiosa, que outrora foi o esperado e o apropriado, tornou-se inadequada. Muitas de nossas ideias que se mostraram normais e adequadas em determinado período não permanecem assim quando continuam demonstrando força e vitalidade em outro tempo. Elas se tornam obsoletas. (Bion, 1973/1974, p. 46)*

Complemento com um trecho de *Cogitações* (2000), escrito em 1979, em que Bion enfatiza a força do impulso religioso:

> *Freud fala sobre o "futuro de uma ilusão" como se ele tivesse pensado que a própria religião era uma ilusão; pode ser que ela seja, mas penso que é uma ilusão bási-*

> *ca. Qualquer religião específica muda de acordo com a moda dominante; mas a coisa fundamental, a própria religião, não muda. Constitui uma força muito poderosa [...]. (p. 385).*

Creio que por meio das conferências e seminários clínicos proferidos por Bion na década de 1970, a possibilidade de apreensão do sentimento de *awe* ganha corpo, passando a revelar uma característica essencial da realidade psíquica. Estabelece-se a ideia de que, uma vez que exista espaço para a livre expressão e subsequente elaboração de tais movimentos emocionais, a personalidade pode amadurecer e o sentimento de *awe*, depurado a partir do impulso religioso primordial sem o jugo da submissão ao terror, desabrochar. Em *Atenção e interpretação*, Bion (1970, p. 46) utiliza uma poesia de S. T. Coleridge[6] para ponderar, segundo meu ponto de vista, que o temor (*dread*), mesmo sendo um elemento inevitável na Transformação em O (vir a ser), não impediria que o indivíduo trilhasse seu caminho, "ignorando" tal temor ao deixá-lo em segundo plano. Nietzsche (1992), sugerindo algo dessa natureza, mas em direção contrária, pondera: "... e se você olhar longamente para um abismo, o abismo também olha para dentro de você" (p. 79). Nesse sentido, pode-se alcançar um grau de maturação em que o respeito e a consideração diante do "infinito" (a realidade fundamental) emergem, mesmo que a resistência ao pensar nunca cesse de existir, pois a tarefa de pensar jamais deixa de ser também uma experiência de caráter amedrontador.

Na mesma conferência realizada no Rio de Janeiro em 1974, quando lhe perguntam sobre que uso ele reservava para a palavra "mistério", Bion responde:

---

6 "E após virar para trás avança, / Só olhando a frente, certo / De que algum demônio medonho / o segue bem de perto." (Coleridge, 2005)

O que quero dizer com tal expressão se refere à capacidade de ter sentimentos de respeito com o desconhecido; ter a capacidade de respeitar algo de que somos ignorantes [...]. Alguém que sente ter aprendido a explicação para tudo, até mesmo para a mente humana, parece ser menos uma pessoa do que aquela ainda capaz de aprender. Pessoas viciadas em psicanálise parecem tornar-se bidimensionais, tornam-se planas. Ficam pouco humanas. Transformam-se em esboços de gente. Se pudéssemos analisar as pessoas de forma adequada (seja lá o que isso queira dizer), elas poderiam respeitar não apenas sua própria mente, mas também a mente de outras pessoas. Nessas mentes haveria capacidade de sentir respeito e admiração (awe-inspired) pela mente humana, da mesma forma que eu gostaria de ser capaz de me encantar com uma visão como a da aurora boreal. Não acho que eu teria progredido se dissesse: "Ah, isto é apenas uma descarga elétrica, um fenômeno elétrico". Isso é esperto, mas não sábio. Suponha que alguém, ouvindo rádio, fica curioso sobre os ruídos de fundo, a interferência. Com o passar do tempo, ele se torna suficientemente curioso para construir radiotelescópios enormes, com o propósito de ouvir essa interferência. Tudo isso vai depender da capacidade que se tem para respeitar e se maravilhar (awe) com os fenômenos naturais [...]. Por isso é importante que os psicanalistas tanto de hoje como do futuro sejam capazes de respeitar a mente humana, a personalidade humana, e respeitá-la mesmo que não saibam o que ela é, ou então que

> *nada saibam a seu respeito. Isso é parte do que denomino "permanecer capaz de ser mitificado". Temos de ser capazes de tolerar o mistério e a nossa própria ignorância. (pp. 55,56)*

Michael Eigen (comunicação pessoal, 2012) sugere que Bion, em seus últimos escritos, emprega o termo *awe* para expressar "o milagre da vida, a amplitude e profundidade do existir, o cuidado, o maravilhamento (*wonderment*) — em consonância com seus escritos sobre o infinito ser a experiência fundamental da mente". A postura de Bion sobre a atitude psicanalítica, de início em *Transformações* (1965), e principalmente com *Atenção e interpretação* (1970), se pauta no que ele denominou de "fé",[7] um estado de mente científico (p. 32) decorrente de um exercício de desnudamento da memória, de desejo e também de compreensão, o que permitiria ao analista cultivar um espaço mental em que o "não saber" favoreceria o exercício da intuição. Estamos assim no campo de F => O, lembrando que o O[8] que interessa ao analista é a verdade emocional da sessão, comum tanto a analista como a analisando.

Em mais um seminário no Brasil, o quarto de 1973, realizado em São Paulo, Bion (1973/1974) faz um comentário sobre a questão fundamental do respeito à ignorância:

> *[...] ainda espero ser capaz de aprender. Tenho esperança porque, após muitos anos de empenho, alcancei finalmente a capacidade de, com perplexidade, experimentar admiração (to be awed) pelas profundezas de minha ignorância. Se vou poder continuar tendo*

7 Termo emprestado da tradição mística.

8 Definido por Bion (1965, 1970) como a Verdade Absoluta acerca da Realidade Última.

> *a ousadia de apreciar o quanto estou mal equipado e pouco apto a existir na realidade em que me cabe viver – deixando de lado o universo dos universos que está além da minha capacidade mental, mesmo quando aumentada por radiotelescópios, microscópios eletrônicos e pela psicanálise –, não sei. Tais profundezas da ignorância são difíceis de contemplar. Portanto, tendo a sentir o desejo de acreditar que sou semelhante a um deus, que sou inteligente, em troca do terror que sinto pela minha ignorância. (p. 54)*

Somando esse depoimento de Bion ao exemplo clínico que ele apresenta em "*Reverence and awe*", texto de 1967, em *Cogitations* (1994, p. 284), em que conjectura sobre a criança "necessitada" de idealizar o pai por se encontrar em uma situação de desespero, temos uma aproximação muito peculiar do que pode ocorrer no mundo mental. No texto, sugere-se que a atitude emocional da criança seria abastecida pela contrastante união de uma diminuta capacidade afetiva com uma voracidade em abarcá-la. É como se juntássemos fome com, nesse caso, escassez de comida. Diante dessa possível configuração emocional, creio que um contraponto seria a ideia que Bion (1992, p. 46) sugere como opção razoável perante a tarefa de educar os filhos sendo nem tanto o que *fazemos*, e sim aquilo que *somos* e que sejamos capazes de exprimir, o que ele chama de *amor ardente* (*passionate love*). Afinal, se a princípio nos encontramos em um estado de extremo desamparo/onipotência e tomados pela consequente presença de intensos sentimentos de veneração e de terror, entre tantos outros, temos condições de potencialmente avançar para um estágio em que prepondera a qualidade psíquica capaz de suportar a dor mental, o vazio e a frustração – elementos inevitáveis em nossa vida.

Nesse estágio, a capacidade de a pessoa experimentar sentimentos de profundo fascínio diante de alguma coisa emanaria naturalmente dela, assim como, quando depurada e maturada, essa capacidade estaria encarnada em seu cerne como um patrimônio pessoal, possibilitando-lhe uma vitalidade peculiar, uma manifestação genuína e espontânea de si, fazendo a pessoa recuperar algo da vivacidade observada com menos dificuldade na infância (moradia fundante dela). Nesse período, tal vivacidade contagiante é uma prova contundente de que se encontram em curso fatores favoráveis a um satisfatório desenvolvimento diante da vida. Quando isso ocorre, mesmo com tanto ainda a maturar, pode-se intuir uma importante manifestação de robustez da personalidade. Não sei até que ponto podemos dimensionar com a merecida consideração esse período da vida.

Para finalizar, recorro a Shakespeare (sempre uma boa companhia), que nos oferece uma expressão feliz e penetrante ao demarcar de modo poético a linha tênue que separa a capacidade de pensamento simbólico do "pensamento" concreto (no caso, centrado no olhar). Em dado momento da cena II do primeiro ato de *Romeu e Julieta*, Romeu questiona seu amor por Rosalina depois de Benvólio sugerir que ele, Romeu, poderia modificar esse estado amoroso caso comparasse, com "olhos não infectados", Rosalina a outras mulheres. Romeu então responde:

> *Se a devota* religião do meu olhar *sustentar tamanha falsidade, que as minhas lágrimas virem fogo, e que os meus olhos, hereges transparentes que tantas vezes nelas se afogaram sem morrer, sejam queimados como mentirosos.*[9] *(Shakespeare, 1992, p. 37, grifos meus)*

---

9 *When the devout religion of mine eye / Maintains such falsehood, then turn tears to fire, / And these who, often drown'd, could never die, / Transparent heretics, be*

Referências

Bion, F. (1981). Tribute to Dr. Wilfred R. Bion at the memorial meeting. *International Review of Psychoanalysis*, 8, 3-5.

Bion, W. R. (1961). *Experiences in groups and other papers*. New York: Routledge.

Bion, W. R. (1962). *Learning from experience*. London: Heinemann.

Bion, W. R. (1965). *Transformations: change from learning to growth*. London: Heinemann.

Bion, W. R. (1967). *Second thoughts: selected papers on psycho--analysis*. London: Heinemann.

Bion, W. R. (1970). *Attention and interpretation*. London: Tavistock.

Bion, W. R. (1973/1974). *Brazilian lectures* (2 Vols.). Rio de Janeiro: Imago.

Bion, W. R. (1979). *A memoir of the future, book III: the dawn of oblivion*. Pertshire: Clunie Press.

Bion, W. R. (1980). *Bion in New York and São Paulo* (F. Bion, Ed.). Pertshire: Clunie Press.

Bion, W. R. (1991). *A memoir of the future*. London: Karnac Books.

Bion, W. R. (1992). *Conversando com Bion*. São Paulo: Imago.

Bion, W. R. (1994). *Cogitations* (Extended Edition, F. Bion, Ed.). London: Karnac Books.

Bion, W. R. (2000). *Cogitações* (P. C. Sandler, trad.). Rio de Janeiro: Imago.

Coleridge, S. T. (2005). *A balada do velho marinheiro, seguido de Kubla Khan*. Cotia: Ateliê.

---

burnt for liars!

Frye, N. (1992). *Sobre Shakespeare*. São Paulo: Edusp.

Nietzsche, F. (1992). *Além do Bem e do Mal: prelúdio a uma filosofia do futuro*. São Paulo: Companhia das Letras.

Pessoa, F. (1980). *O Eu Profundo e os Outros Eus: seleção poética*. Rio de Janeiro: Nova Fronteira.

Popper, K. R. (2003). *Conjecturas e refutações: o desenvolvimento do conhecimento científico*. São Paulo: Almedina.

Rickman, J. (1951). Reflections on the function and organization of a psycho-analytical society. *Int. J. Psycho-Anal.*, 32, 218-237.

Rotenberg, C. (2010). *Opacidade*. Trabalho apresentado em reunião científica na SBPSP em 2 set. 2010.

The Oxford english dictionary. (1989). Oxford: Oxford University Press.

6. Pandemia de Covid-19: convite à reflexão e ao crescimento

Denise Aizemberg Steinwurz

Preso à minha classe e a algumas roupas,
vou de branco pela rua cinzenta.
Melancolias, mercadorias espreitam-me
Devo seguir até o enjoo?
Posso, sem armas, revoltar-me?
Olhos sujos no relógio da torre:
Não, o tempo não chegou de completa justiça.
O tempo é ainda de fezes, maus poemas, alucinações e espera.
O tempo pobre, o poeta pobre
fundem-se no mesmo impasse.
Em vão me tento explicar, os muros são surdos.
Sob a pele das palavras há cifras e códigos.
O sol consola os doentes e não os renova.
As coisas. Que tristes são as coisas, consideradas sem ênfase.
Vomitar esse tédio sobre a cidade.
Quarenta anos e nenhum problema

resolvido, sequer colocado.
Nenhuma carta escrita nem recebida.
Todos os homens voltam para casa.
Estão menos livres mas levam jornais
e soletram o mundo, sabendo que o perdem.
Crimes da terra, como perdoá-los?
Tomei parte em muitos, outros escondi.
Alguns achei belos, foram publicados.
Crimes suaves, que ajudam a viver.
Ração diária de erro, distribuída em casa.
Os ferozes padeiros do mal.
Os ferozes leiteiros do mal.
Pôr fogo em tudo, inclusive em mim.
Ao menino de 1918 chamavam anarquista.
Porém meu ódio é o melhor de mim.
Com ele me salvo
e dou a poucos uma esperança mínima.
Uma flor nasceu na rua!
Passem de longe, bondes, ônibus, rio de aço do tráfego.
Uma flor ainda desbotada
ilude a polícia, rompe o asfalto.
Façam completo silêncio, paralisem os negócios,
garanto que uma flor nasceu.
Sua cor não se percebe.
Suas pétalas não se abrem.
Seu nome não está nos livros.
É feia. Mas é realmente uma flor.
Sento-me no chão da capital do país às cinco horas da tarde
e lentamente passo a mão nessa forma insegura.
Do lado das montanhas, nuvens maciças avolumam-se.

Pequenos pontos brancos movem-se no mar, galinhas em pânico.
É feia. Mas é uma flor. Furou o asfalto, o tédio, o nojo e o ódio.

C. D. de Andrade, 1945/2016

Feridas abertas pelo traumático

Em 2020, ano em que se comemorou o centenário da pulsão de morte, quem poderia imaginar que, por conta de um vírus, seríamos assolados pelo risco de morte iminente e por tantas consequências a partir dele? E que, em 2021, seguiríamos com os mesmos temores e inseguranças?

Com as fronteiras fechadas no mundo inteiro, vivemos nesse ano uma sobrecarga de estranhezas: um mundo novo tão diferente que a pandemia pela Covid-19 apresentou. Providências de ordem prática que precisaram ser tomadas desde março de 2020 – uso de máscara, distanciamento social, excesso de informações que sequer conseguimos acompanhar, nomear e elaborar – trouxeram grandes repercussões emocionais. Fomos subtraídos da convivência social e postos em estado de grande desamparo e insegurança, por mais tempo do que imaginávamos quando tudo começou. Obrigados ao isolamento e confinados em nossas casas há mais de um ano, passamos por graves impactos na saúde da população e na economia, e sofremos sem saber como será o mundo de 2022 para frente.

No texto "O Estranho", de 1919, Freud fala do *Unheimliche*, esse estranho assustador, que não é conhecido, mas é familiar, algo que não sabemos abordar. Para Freud, quanto mais orientados estamos, menos temos a impressão de algo estranho em relação aos objetos e eventos. Atualmente, porém, seguimos mais desorientados do que nunca. A pandemia nos arrebatou, e parece que ainda não pudemos nos levantar com segurança. Ainda necessitamos tomar todos os cuidados possíveis.

O Coronavírus é minúsculo, invisível e ameaçador, mas se faz ver a cada vez que alguém morre, nas reportagens, ou quando vemos tantas pessoas com equipamento de proteção, luvas, máscaras e *faceshields*, fazendo as regiões parecerem zonas de guerra – o que, de certa forma, são. Em um encontro virtual promovido pela Sociedade Psicanalítica do Rio de Janeiro, sobre a psicanálise e os conflitos emocionais em tempos de Covid, Zusman (2020) avaliou que vivemos outro paradigma: "a recomendação de distanciamento físico é uma mudança de paradigma, já que somos gregários por natureza; precisamos de outros humanos para nos constituir humanos". Hoje, porém, o outro, o espaço e a proximidade parecem nossos inimigos.

As impressões sobre um tempo semelhante ao que vivemos estão descritas por Freud, em um texto publicado em 1916, a partir de uma conversa com um poeta, um ano antes da guerra:

> *Um ano depois irrompeu o conflito que lhe subtraiu o mundo de suas belezas. Não só destruiu a beleza dos campos que atravessava e as obras de arte que encontrava em seu caminho, como também destroçou nosso orgulho pelas realizações de nossa civilização, nossa admiração por numerosos filósofos e artistas, e nossas esperanças quanto a um triunfo final sobre as divergências entre as nações e as raças. Maculou a elevada imparcialidade da nossa ciência, revelou nossos instintos em toda a sua nudez e soltou de dentro de nós os maus espíritos que julgávamos terem sido domados para sempre, por séculos de ininterrupta educação*

> *pelas mais nobres mentes. Amesquinhou mais uma vez nosso país e tornou o resto do mundo bastante remoto. Roubou-nos do muito que amáramos e mostrou-nos quão efêmeras eram inúmeras coisas que considerá-ramos imutáveis (Freud, 1916/1976, p. 347).*

Tamanho prejuízo é identificado por E. M. Rocha Barros, A. Rocha Barros Neto e E. L. Rocha Barros (2020) na pandemia que vivemos atualmente. Eles avaliam que estamos vivendo um acontecimento traumático coletivo – catalisador de profundas mudanças na humanidade – com a mesma dimensão das guerras, das revoluções, das grandes recessões econômicas e das graves crises ambientais. Eles apoiam-se em Kaës (2013) quando este afirma que perdemos os "garantidores metapsíquicos" usuais, ou seja, as estruturas emocionais de enquadramento inconscientes, histórica e culturalmente determinadas, que regulam os processos da vida social.

Eles apresentam também as ideias de Nosek (2017), que estima que, socialmente, o trauma é fruto de uma vivência catastrófica coletiva, que desorganiza os sistemas de significação base da identidade cultural dos indivíduos. Em tempos catastróficos, nossa vida quotidiana e nossa dignidade são ameaçadas em proporções nunca pensadas. "No trauma social, o *nunca antes pensado* torna-se efetivamente *impensável* coletivamente, produzindo "o 'sem forma' que se espalha pela mente, criando... distúrbios" (Barros et al., 2020, p. 47). Os autores completam, comentando que, "com a pandemia, o "traumático social" se impôs para a díade analista-analisando e a confrontou com a vivência de um evento absolutamente desconhecido, cujas consequências estão sendo forjadas para os anos vindouros" (p. 48).

Minerbo (2020b) aquilata este momento da mesma forma e ainda mais: como um trauma coletivo que está obrigando as pessoas a entrar em contato com o desamparo, a vulnerabilidade e a total ausência de garantias com relação ao futuro. Por isso, ela deixa marcas que ficam inscritas no psiquismo. "A pandemia que se abateu sobre o planeta [...] veio sem aviso prévio, nos encontrou sem defesas, tirou nosso chão, quebrou nossas pernas", como um tipo de violência que ela denomina como "violência branca", por analogia à "angústia branca", termo com que Green descreve um grau de sofrimento psíquico mudo, invisível e silencioso das patologias do vazio. Para a autora, essa violência branca é uma violência "sem sangue, silenciosa, invisível, mas letal" (Minerbo, 2020b). Psiquicamente, ela causa uma efração pelos súbitos efeitos devastadores na vida de muitos.

Na mesma direção da violência branca, Minerbo (2020a) propõe a ideia de um "trauma branco" associado ao Coronavírus. Diferente de alguns autores, ela pensa que se trata de um trauma *diferente* de uma guerra ou de um terremoto, que seriam traumas vermelhos, com sangue. Já a pandemia traria um trauma marcado pela ausência de representação, já que ninguém tinha em seu repertório psíquico elementos para elaborar a situação. Avançando em sua própria reflexão, a autora estabelece uma relação com o texto "O Estranho", de Freud, e então, para além da ausência de representação, propõe que o trauma branco fala mais de uma sensação *inquietante*, do *unheimlich*, de algo não familiar que se superpõe, recobre, ou substitui o que era familiar. "O branco indica ausência, não de representações, mas das cores normais da vida de antes." (Minerbo, 2020a).

Essa atmosfera e sensação, ela encontra nos filmes de terror, em que as pessoas e os lugares são familiares, mas a música inquietante indica que algo de não familiar – e de terrível – está prestes a acontecer. Fora das telas, na vida real, Minerbo (2020a) observa atividades simples: o fechamento das escolas e a necessidade de as famílias ficarem com as crianças em casa por tempo indeterminado trazem algo de familiar, mas isso é, ao mesmo tempo, absolutamente inquietante, pois ninguém estava em casa por opção, mas porque não podia sair. Da mesma forma, a ida ao supermercado, até então, uma atividade cotidiana, modificou-se radicalmente: as pessoas deviam ir sozinhas, usando álcool em gel, luvas e máscara, ter a temperatura medida e entrar uma de cada vez, ou seja, algo de inquietante e ameaçador se sobrepõe ao familiar.

> *A angústia ligada ao traumático arrebenta a pele psíquica; a pessoa tem medo de morrer e se desorganiza. A angústia ligada ao unheimlich tem outra cara: o mundo fica estranho, ele parece familiar, mas não é, e a identidade vacila. Aqui estamos mais próximos do terror, em que a pessoa não sabe o que virá: só sabe que é terrível. (Minerbo, 2020a)*

Como rica metáfora, Minerbo (2020b) descreve a pior parte do trauma branco como um "tentar ficar de pé sobre um chão de areia movediça" e estima que viver diariamente com um alto grau de incerteza, com a sensação de que o mundo não é mais o mesmo, que tudo se tornou estranho, é uma experiência emocional excessiva e difícil de metabolizar.

Essa pandemia é, sem dúvida, uma situação traumática relacionada a perdas significativas; o novo Coronavírus atacou partes fundamentais do sistema imunológico de defesas e de nossas vidas. As defesas emocionais que erigimos buscam lidar com o clima de insegurança e ameaça; para Zusman (2020), elas "não são por si só patológicas; elas vêm para nos ajudar e se tornam patológicas quando se instalam sem podermos recompor nossas defesas habituais". Nem todos conseguem se recompor satisfatoriamente.

Tentativas de elaboração

A possibilidade de elaboração das angústias em relação à pandemia depende da estrutura emocional de cada indivíduo. Por isso, vemos pessoas com um nível normal de angústia, dada a estranheza do que vivemos; porém, vemos pessoas em quem – diante dessa situação inesperada, geradora de angústias que não podem ser digeridas pelo aparelho psíquico – isso transborda para o corpo que adoece. Se a mente não dá conta, é no corpo que aparecem as manifestações. Dito de outro modo, na ausência do símbolo e da palavra, é o corpo que sofre: via atuação (formas brandas, como andar pela casa, bater nas paredes, reclamar ou brigar com alguém, até formas mais graves, como o suicídio); via adicção (compulsão alimentar, uso excessivo de bebidas, cigarros e drogas); ou via psicossomática.

Em um capítulo do livro *Dor psíquica, dor corporal: uma abordagem multidisciplinar*, expliquei que as organizações psicossomáticas se diferem pelo sistema defensivo, pelo nível evolutivo e pela quantidade e qualidade das representações mentais. São as pulsões de vida e de morte que põem em movimento o sistema; há organizações mais emaranhadas na expressão corporal e outras mais próximas da neurose. Quanto mais evoluído o sistema representacional e a simbolização, melhores as defesas para lidar com movimentos regressivos (Steinwurz, 2017).

A situação atual que vivemos reativa eventos traumáticos precoces, expressos tanto no psíquico quanto no somático, como resultado das modificações na estrutura psicossomática. Quadros somáticos podem surgir ante um evento traumático e depois desaparecer; porém, podem se instalar como doenças crônicas que geram incapacidade na vida pessoal e profissional, em diversos graus. Quando isso acontece, é um sinal de que algo não correu bem no princípio do desenvolvimento. Houve uma dissociação na personalidade, que impede o indivíduo de, agora, perceber a relação entre a disfunção somática e seu psiquismo e integrá-los; sem conseguir uni-los, adoece.

Marty (1993) define a função materna como determinante na constituição do psiquismo, bem como na organização psicossomática. Um vínculo afetivo precário com a mãe cria matrizes traumáticas no desenvolvimento psíquico.

Da mesma forma Winnicott (1949/2000) defenderá que o ambiente é fundamental no desenvolvimento emocional. Uma mãe não suficientemente boa – com uma maternagem precária ou inconstante – interrompe esse processo, levando à dissociação entre psique e soma, característica da psicossomática. Sem uma preocupação materna primária, a mãe não oferece suporte egoico para o bebê, que é deixado por conta própria. Ele tem que se haver com suas próprias necessidades quando, muito precocemente, a mãe deveria cuidar delas.

A doença psicossomática seria um pedido de socorro para que se constitua esta integração. Cada sintoma terá um significado emocional, do qual o ego tira proveito para alívio dos conflitos. Estes sintomas orgânicos podem evitar que o paciente desenvolva sintomas psicológicos mais severos. Portanto, com a melhora do orgânico, o ego terá de encontrar outros meios de vazão para as tendências antes aliviadas pelo corpo.

Normalmente, sou eu que chamo Sônia, uma analisanda de 28 anos, para iniciarmos a sessão. Naquele dia, cinco minutos antes do início de seu atendimento, ela me chamou. Eu estava com o celular na mão, mas não na sala de atendimento. Sua chamada pegou-me de surpresa, e eu me senti muito invadida, já que estava ocupada pensando em outra situação que não nela. Ainda assim, atendi à ligação, mas avisei que, em poucos minutos, retornaria para iniciarmos efetivamente nossa sessão. Nos cinco minutos que transcorreram, comecei a pensar sobre o tema da *invasão* que já estava se fazendo presente ali: será que Sônia está se sentindo invadida de alguma maneira? Será que ela projetou em mim esse sentimento, querendo que *eu* me sentisse invadida? Que eu soubesse como é para ela sentir-se assim? Podemos pensar em uma identificação projetiva?[1] Ou será que ela estava muito angustiada e sobrecarregada, precisando falar comigo o quanto antes e, por isso, não podia mais esperar? Muitas questões e várias possibilidades. Eu estava *sentindo com*, como Ferenczi (1992) destaca:

> *Adquiri a convicção de que se trata, antes de tudo, de uma questão de tato psicológico, de saber quando e como se comunica alguma coisa ao analisando, quando se pode declarar que o material fornecido é suficiente para extrair dele certas conclusões; em que forma a comunicação deve ser, em cada caso, apresentada; como se pode reagir a uma reação inesperada ou desconcertante do paciente; quando se deve calar e aguardar outras associações; e em que momento o silêncio é uma tortura inútil para o paciente, etc. Como se vê, com a palavra "tato", somente consegui exprimir a indeterminação numa fórmula simples e agradável. Mas*

1 Hinshelwood (1992) descreve que a identificação projetiva foi definida por Klein em 1946 como o protótipo do relacionamento objetal em que partes do *self* são expelidas e projetadas no outro, "representando um ataque anal a um objeto por forçar partes do ego neste" (p. 193). Já Zimerman (2001) destaca uma ampliação feita por Bion no conceito de identificação projetiva: embora este autor não empregue a denominação de empatia, fica transparente o quanto ele valoriza a função estruturante possibilitada pela utilização adequada das identificações projetivas que permitam que o sujeito se coloque no lugar de um outro e sinta o que este sente e não consegue transmitir.

> *o que é o tato? A resposta a esta pergunta não nos é difícil. O tato, é a faculdade de "sentir com" (p. 27).*

Ao chamar Sônia em seu horário, ela me conta que estava com muita dor de cabeça, tomando remédio todos os dias, sentindo-se sobrecarregada com tantas atividades para realizar, além de uma grande cobrança e pressão dos sócios da *startup* recém-criada por ela e mais três colegas. Seus sócios não respeitavam os horários estabelecidos para falar com ela dentro do horário de trabalho, o que fazia com que ela se sentisse sem tempo para fazer outras coisas em sua vida pessoal. Digo a ela que estava se sentindo sem fronteiras, sem conseguir colocar barreiras e se sentindo, assim, invadida. Falo que sua dor de cabeça poderia estar representando uma invasão dentro de sua mente. Sônia, então, me fala: "*Denise, a palavra que você usou - invadida - é muito boa! Estou me sentindo assim mesmo*".

As duas possibilidades - a identificação projetiva ou a angústia excessiva - são plausíveis. Porém, é interessante notarmos o quanto essa peculiaridade só pôde surgir no atendimento virtual, utilizado na pandemia, pois, normalmente, em meu consultório, eu chamaria Sônia no horário marcado, na sala de espera, como sempre fora, e a invasão que ela executou nos meus horários não teria aparecido em ato.

Mesmo que indiretamente, a pandemia vem propiciando o surgimento de outros conteúdos inconscientes nas sessões: sua *startup* só foi criada em função da necessidade de criação de outras estratégias de atendimento. Sua empresa comprou oxímetros, termômetros e um aparelho que grava os batimentos cardíacos, que são oferecidos aos pacientes em um aplicativo no celular. Por meio desse aplicativo, ela pode verificar os resultados e orientar os pacientes identificando, inclusive, aqueles que podem estar com sintomas da Covid-19. Apesar de estar trabalhando em telemedicina, Sônia culpava-se muito por "não ser médica de verdade", ou seja, por não estar presencialmente no hospital, do mesmo modo que muitos de seus colegas. A partir daí, pudemos trabalhar seu sentimento de culpa ao longo das sessões.

Também sua vida amorosa foi afetada pela pandemia: Sônia namorava um rapaz há sete anos; como ele é médico e trabalhava na linha de frente com pacientes com Covid-19 no hospital, desde o início do isolamento, eles se viam apenas virtualmente, para evitar risco de contato com o vírus. As dúvidas sobre este namoro, que ela já tinha antes da pandemia, aumentaram ainda mais, e o afastamento físico dos dois nos deu tempo de trabalhar em análise essas questões; ela acabou por decidir pelo término de seu relacionamento. Ganharam espaço em sua vida, então, os aplicativos de relacionamento, que propiciaram a aproximação de pessoas que também estavam em busca de uma relação amorosa.

Rocha Barros et al. (2020) apoiam-se na descrição de Scarfone (2017) sobre o processo traumático que, para esta autora, funciona como um rasgo no tecido mental que interfere na continuidade, na contextualização e na historicidade da tessitura psíquica. É, pois, "um processo de ruptura permanentemente ativo, que dá início a vários processos de desorganização dentro do aparato psíquico. Essa desorganização controla o nível de ansiedade tolerável, porém afeta a capacidade de representação mental" (Rocha Barros et al., 2020, p. 50). Minerbo (2020a) observa que as cicatrizes do traumático deixam um ponto de fragilidade que podem se abrir a qualquer momento, em situações parecidas, quando, então, "o paciente se *retraumatiza*. No caso da pandemia, nossa absoluta vulnerabilidade pode voltar a nos assombrar quando menos esperamos".

É o que veremos no caso de Tereza, uma analisanda de 32 anos, que me procurou com sintomas de ansiedade, em abril de 2020.

Ela sentia-se muito ameaçada pela Covid-19 e passou a adotar medidas de higienização mais rigorosas do apartamento e das roupas do casal, apesar de já cuidar da casa anteriormente de maneira satisfatória. Ela estava desempregada nesta época e relata ter ficado "obsessiva com a limpeza". Com a adoção do trabalho remoto, o marido de Tereza passou a trabalhar em casa e a se queixar de alguns produtos de limpeza usados por ela, pois lhe provocavam sintomas alérgicos. Apesar de o casal se dar muito bem, isto gerou muitas brigas, pois ela relutava em mudar os produtos de limpeza, alegando serem muito eficientes. Queixava-se da forma desorganizada que seu marido deixava o ambiente, espalhando roupas e copos pela casa, o que a incomodava muito.

Um fato ganhou uma importante proporção: Tereza e o marido haviam sido convidados para serem padrinhos do casamento civil de sua cunhada, que aconteceria em meados de abril, logo que as restrições pelo início da pandemia foram impostas. Apesar de ficar contente com o convite, achou inapropriada a realização do casamento em uma época dessas e, ainda que somente no cartório, ela aventou a possibilidade de recusar o convite. No entanto, Tereza sentiu-se pressionada por sua sogra e pelo restante da família a comparecer ao evento, o que fez com se sentisse extremamente invadida. No decorrer das sessões, pudemos perceber que outras situações de invasão já eram sentidas por ela anteriormente, tanto pela sogra, como por sua mãe quando era criança. Sua sogra sempre tentou interferir e controlar a vida do casal, seja na alimentação – que "deve ser equilibrada para evitar o sobrepeso" –, seja no cotidiano da vida do casal ou na decoração da casa. Já sua mãe, sempre a invadira, querendo controlar as roupas que usava, os amigos que tinha e as escolhas que fazia.

Pudemos perceber que esta situação atual, decorrente do desejo de não ir ao casamento, foi um *retraumatismo*: os últimos cinco anos com sua sogra abriram o trauma anterior vivido na infância com sua mãe. O sentimento de Tereza adiante da invasão do vírus ameaçador potencializou o sentimento de invasão que já estava em turbulência dentro dela. Quando fizemos esta ligação, os sintomas de ansiedade desapareceram.

Minerbo (2020b) indaga-se sobre o destino do que estamos todos passando: haverá a possibilidade de recalcar isso tudo, de continuar vivendo tranquilamente, como se não pudessem vir novas ondas ou outras pandemias a qualquer momento? Ou viveremos em constante paranoia, evitando aglomerações, vendo sinais de perigo em cada espirro? Ou iremos incorporar períodos de isolamento em nossas rotinas, adaptando-nos ao novo padrão – o novo normal? Em consonância com Zusman, ela entende que os destinos desse trauma branco dependerão da história emocional de cada um, bem como dos recursos psíquicos disponíveis.

Recursos possíveis em meio a tanta impossibilidade

Vilma é uma jovem de 18 anos que, como tantos outros adolescentes, sofreu os impactos da pandemia: suas aulas da faculdade passaram para o sistema remoto, o isolamento social impedia o encontro com os amigos, e ela não podia frequentar festas ou atividades esportivas e culturais de forma presencial. Ela entrou na faculdade no início da pandemia e, já no primeiro semestre, mostrou-se insatisfeita com o curso escolhido, o que foi agravado pelas dificuldades que sentiu de realizar os trabalhos de desenho técnico exigidos, pelo fato de ser online, sem a orientação que julgava necessária.

Com o isolamento social e com a sensação de que os dias eram todos iguais e de que nada mudava – pois apenas cursava a faculdade e ajudava na limpeza da casa e de seus animais domésticos –, resolveu colocar um *piercing* na sobrancelha e mudar a cor do seu cabelo, alegando "*querer mudar alguma coisa, já que tudo estava estagnado*". Percebi que Vilma precisava fazer uma mudança externa, já que não encontrava recursos internos, naquele momento, para lidar com sua turbulência psíquica. No decorrer do nosso trabalho, ela foi repensando a escolha do curso da faculdade; resolveu sair e prestar vestibular para outro curso no semestre seguinte, o que a deixou muito contente. Em uma das sessões – que também passaram a ser *online* no início da pandemia –, ao mostrar seu braço, Vilma contou-me que fez a tatuagem de uma cobra que, segundo ela, "*significa transformação, pois ela muda de pele, e eu também estou me transformando bastante*".

Pensando em processos analíticos como o de Vilma, diante de uma situação em que alguma coisa é feita no ato, ao invés de ser comunicada no relato, lembramos a fala de Mion (2019), que indaga:

> *[...] O que observamos afinal, o que "olhamos"? Em relação ao paciente, eu diria que tudo que se apresente aos nossos sentidos: como o paciente chega, se é pontual ou não, sua expressão ao entrar na sala, a forma como entra e se deita, se ele se joga no divã, se é cuidadoso, se hesita, se não se deita, se algo nos chama atenção, se nada nos chama atenção, que emoções ele nos transmite ou não transmite, se algo em sua indumentária ou seu jeito de se vestir nos chama a atenção, e assim por diante. Começamos, então, a prestar atenção ao que o paciente fala, ou se não fala, se uma frase ou outra por alguma razão que você não sabe qual é ainda lhe chama atenção, ou lhe causa um incômodo. Se o paciente se sente ansioso ou confuso ou assustado, ou*

> *se, pelo contrário, feliz ou triunfante, ou não parece ter nenhum sentimento. Às vezes, percebemos certo tom de voz ou mudanças no tom de voz, sutilezas do olhar, dos gestos: o que o corpo do paciente lhe comunica para além do que ele lhe diz? Outras vezes, notamos uma pausa ou um sorriso, inusitados.*

Mion apoia-se na proposta do "sem memória" de Bion, de que, quando temos a chance de esquecer tudo que sabemos sobre o paciente, que fará o possível para nos lembrar, então, teremos a chance de penetrarmos ainda mais "na impressionante cesura do conhecimento, dos fatos relatados, de todas as teorias conhecidas e ter a chance de ouvir essas pequenas sutilizas, essas pequenas coisas difíceis de ver, ouvir, sentir, captar". E segue: "cegar-se para enxergar algo que tenha relevância, escutar ao paciente e a nós mesmos, porque, vez ou outra, podemos ter a chance de captar aquele fragmento de informação que pode vir a ser relevante, às vezes iluminador como um fato selecionado".

Outro recurso facilmente perceptível é o quanto, durante a pandemia, um maior número de pessoas adotou ou comprou animais de estimação, mostrando uma certa identificação com um animal desamparado e podendo, assim, cuidar de aspectos de si mesmo, de sua solidão, sua fragilidade, entre outros. Foi o que observei na análise de Edna, uma jovem de 22 anos: seus dois cachorros, Bob (macho) e Mily (fêmea), eram representantes de suas projeções e foram suas companhias vivas durante a pandemia. Edna é apaixonada por eles e, como está trabalhando *home office*, pode estar com eles o tempo todo; o contato físico com eles supre, de alguma forma, a carência de estar em isolamento social, sem poder abraçar e beijar algumas pessoas que gostaria, já que ela não está vendo seus amigos presencialmente, nem seus colegas no trabalho.

Edna faz as sessões às 7h30 deitada na cama, normalmente com seus cachorros deitados juntos com ela, Mily dentro da coberta ao seu lado, e Bob ao pé da cama. Em muitos momentos, me mostra, pela tela, Mily lambendo-a, e comenta estar ganhando um beijo. Em uma sessão, Edna me relata:

> *Hoje estou com a Mily e o Bob. Eles são irmãozinhos. Ele é territorial; ele ataca outros cachorros quando se sente ameaçado. Mily é boazinha, um poço de carinho, adoro ela do meu ladinho, mas só não deixo ela colocar a boca no meu travesseiro porque boca de cachorro não é higiênica.*

Ela segue seu relato, falando de seus sentimentos:

> *Denise, estou triste. Semana passada, a funcionária aqui de casa não quis contar que estragou o meu vestido e, quando fui perguntar sobre ele, ela me falou que não contou nada por que "sou brava". Chorei porque ela falou isso e não pelo vestido. Fiquei muito triste. Às vezes, eu sou um Bob e não tanto Mily [Edna chora]. Eu tenho uma dificuldade em enxergar isso, não quero ser brava.*

Digo-lhe que eu posso compreender sua tristeza e que poderemos juntas entrar em contato com seu lado "Mily" e com seu lado "Bob". Edna concorda e começa a me contar outras situações em que seu lado mais "calmo" e "brava" aparecem, a partir da projeção dos sentimentos de Edna em seus cachorros. Quando ela os colocava no colo ou quando estavam deitados em sua cama, eu sentia que eles eram uma "extensão" sua: era como se fossem um corpo só. A possibilidade do atendimento virtual permitiu a minha "entrada" no quarto de Edna e mostrou aspectos fundamentais de seu mundo mental, gerando um trabalho muito frutífero.

O que foi comunicado por Edna nestas cenas que vi nas chamadas de vídeo que substituíram, na pandemia, suas vindas ao consultório nos tempos "normais", encontra eco na ampliação que Roussillon (2019) faz na questão da escuta para além daquilo que escutaremos a partir da fala do analisando:

> *Quando digo "escutar", é preciso, é claro, escutar como uma metáfora, e não tomar o termo ao pé da letra; aqui, escutar significa estar atento a todos os sinais, a todas as mensagens verbais e não verbais. Aqui, a posição clínica me parece ser aquela que se atém a escutar e compreender as manifestações do sujeito, os seus comportamentos, os seus atos, como mensagens ricas em informações sobre as modalidades do cuidado que podem ser postas em ação. A ideia essencial que deve nos guiar é a de que o sujeito tenta nos comunicar quais são as suas necessidades, quais representações ele pode fazer para si daquilo de que precisa e daquilo que pode esperar de nós. Aqui, mais do que noutro lugar – e isso mesmo com sujeitos em grande desamparo –, é o sujeito que guia a nossa intervenção, ainda que não possa fazê-lo de forma deliberada e manifesta. É, em todo caso, aos sinais que podem nos guiar nesse sentido que me parece ser preciso, ao máximo, ficar atento (p. 151).*

Para este autor, o analisando necessita, muitas vezes, de uma *testemunha* de seu estado interno, alguém que dá crédito e que qualifica o que se produziu nele. "A testemunha não é muda, ela é aquele que pode atestar, quando preciso, aquilo que se produz psiquicamente, aquele que pode nomeá-lo, qualificá-lo" (Roussillon, 2019, p. 156). Isso é ainda mais importante quando o sujeito atravessa uma situação extrema ou quando é ameaçado em sua economia de sobrevivência. Quando ele sente que chegaram ao fim as possibilidades de sobreviver emocionalmente, e este sujeito sequer conseguir formular um pedido claro de ajuda, é vital que possamos ir em seu auxílio, em nome da condição humana.

Roussillon (2019) identifica que o estado de desamparo ou de desesperança são uma indicação de cuidado clínico, mas que nem sempre podemos esperar; senão, nos colocaríamos em uma posição que ele descreve como de "omissão de socorro psíquico". A ajuda clínica pode ser levada até o sujeito com total respeito à sua subjetividade, condição *sine qua non* para que um trabalho psíquico verdadeiro seja empreendido.

É em função disso que, nesta pandemia, trabalhei em dois projetos como profissional voluntária no molde de consultas terapêuticas idealizado por D. W. Winnicott. Um deles foi elaborado pela Diretoria de Atendimento à Comunidade da Sociedade Brasileira de Psicanálise de São Paulo, no período de abril a setembro de 2020, o qual oferece até dois encontros em cada atendimento. O outro, ainda em andamento, foi elaborado por doze psicanalistas, dentre os quais estou incluída: é o Consultas Terapêuticas e está ligado à clínica do Instituto Sedes Sapientiae, e oferece até cinco encontros.

Com o objetivo de serem um atendimento pontual e emergencial, foram ofertados primeiramente para os profissionais de saúde na linha de frente contra a Covid-19, que sofriam a angústia pela imensa pressão diante de um vírus ainda desconhecido e ameaçador; posteriormente, foram estendidos para a população em geral, que também foi duramente afetada pela situação pandêmica. Os pacientes puderam ser escutados, encontrando no analista uma testemunha que pudesse atestar e dar crédito ao seu mundo mental, criando condições para o pensamento.

Um caso em especial foi o de Irene, uma médica de 45 anos, que procurou atendimento por estar com dificuldade de elaborar a perda de uma colega com quem trabalhava há vinte anos, morta por Covid-19, motivo que impediu a realização do velório, ritual tão necessário de despedida e elaboração da morte. Além disso, ela falava sobre a angústia presente no ato de se vestir para entrar na ala da Covid-19 do hospital, pois essa vestimenta era como um ritual de passagem da vida para a morte. Uma das demandas que surgiram no atendimento foi ser cuidada e olhada como uma pessoa e não como uma "técnica": uma técnica era como Irene se sentia nas homenagens recebidas da população em geral que "batia palmas" para os médicos, ato que não a sensibilizava.

Outro caso foi o de Carla, uma terapeuta ocupacional de 30 anos, que trabalhava em uma Unidade Básica de Saúde e que me procurou por temer contrair o vírus pelo fato de trabalhar presencialmente em uma área que exigia contato físico. Ela dizia estar cuidando dos outros, mas não se sentir cuidada. Ali no atendimento, pôde se sentir, segundo seu relato, muito bem acolhida e percebeu a possibilidade de seguir fazendo psicoterapia.

O tempo ou o que cura as feridas...

Rocha Barros et al. (2020) resgatam uma instigante experiência vivida por Amyr Klink, conhecido explorador brasileiro que, em 1984, aventurou-se na travessia a remo do Atlântico Sul, da Namíbia à Bahia. Desde o fim dos cem dias entre céu e mar, o minúsculo e apertado barco que o navegador utilizou na ocasião está descansando no quintal da casa dele em Paraty. Em meio a esta centena de dias de quarentena por conta da pandemia de Covid-19, Klink resolveu testar como seria passar uma noite no barco. Quem conta o que sucedeu é o jornalista e escritor Michel Laub, num instigante artigo para o jornal *Valor Econômico*: "Quase fiquei louco lá dentro", diz Amyr, que desceu do barco em menos de seis horas, não por claustrofobia ou por sentir solidão, mas pela angústia de estar *parado*, conceito familiar a muitos dos que atravessam estes últimos meses em que o mundo se enfrenta com o novo – já não tão novo – Coronavírus; ou, pior, que sufoca com um excesso de notícias trágicas que causa um efeito de anestesia ou, então, uma angústia tão difusa que não se encontram recursos para enfrentá-la.

Para Klink, avaliam estes autores, o pequeno espaço do minúsculo barco, com um potencial ansiogênico, era interpretado simbolicamente por ele como signo de vitalidade, movimento e criatividade (obra em construção). Rocha Barros et al. (2020) imaginam que o psiquismo do navegador "apagava os estreitos e claustrofóbicos contornos da embarcação, ressignificando-os como, quem sabe, uma segunda pele do navegante. Amyr estava em sintonia com aquele minúsculo receptáculo. As paredes do barco estavam lá como uma armadura amistosa para protegê-lo" (p. 46). Em 2020, a base simbólica de apreensão do mesmo espaço é inteiramente diferente.

Agora, a angústia da pandemia contamina por completo aquilo que, para Klink, era uma querida relíquia de uma grande aventura. O barco deixa de ser uma lembrança calorosa para se tornar a representação plástica do enclausuramento imposto pela Covid-19. "O que era uma armadura protetora converte-se em túmulo vivo. As dimensões da embarcação perdem todo o seu colorido vivaz e se acinzentam com os ecos de paralisia e confinamento que nos rondam nesta pandemia" (Rocha Barros et al., 2020, p. 46).

Na busca desses outros meios, no isolamento que vivemos, o tempo será um dos aliados para tentar fazer frente à sensação de desamparo e em contraponto a tanto que perdemos. Desde março de 2020, tivemos mais tempo para atividades diferentes. Na psicanálise, além das readaptações necessárias à atividade clínica e aos eventos científicos, vimos um aumento da disposição de analistas para trabalhos voluntários dirigidos a pessoas em estado de vulnerabilidade e a profissionais da saúde da linha de frente com os pacientes com Covid-19. Ganhamos tempo – já que não precisamos mais nos deslocar para os diferentes lugares de nossas atividades –, mas paradoxalmente, o tempo foi sendo preenchido com mais e mais coisas. Uma reviravolta na noção de tempo, ao que, até então, era-nos habitual.

A chegada da vacina nos restituiu um pouco daquilo de que fomos privados nestes longos meses. Porém, lembramos que ainda teremos algum tempo até que todos estejam vacinados, portanto, teremos que continuar da mesma maneira: acreditando, olhando para a realidade, nos frustrando, renovando nossos recursos psíquicos e lutando mais um tanto.

No belíssimo texto "Sobre a Transitoriedade", Freud (1916/1976) fala sobre o significado do tempo para cada um:

> *O poeta admirava a beleza do cenário à nossa volta, mas não extraía disso qualquer alegria. Perturbava-o o pensamento de que toda aquela beleza estava fadada à extinção, de que desapareceria quando sobreviesse o inverno, como toda a beleza humana e toda a beleza e esplendor que os homens criaram ou poderão criar. Tudo aquilo que, em outra circunstância, ele teria amado e admirado, pareceu-lhe despojado de seu valor por estar fadado à transitoriedade. (p. 345)*

A evidência de que tudo que é belo e perfeito findará pode dar margem a esse pesado desalento, ou levar à rebelião contra tal fato: "de uma maneira ou de outra essa beleza deve ser capaz de persistir e de escapar a todos os poderes de destruição" (Freud, 1916/1976, p. 345). Essa exigência de imortalidade, porém, alerta Freud, é um desejo nosso, não uma realidade.

E como chegamos ao fim de mais um ano, ainda mergulhados nesta pandemia? Descrentes e pessimistas como o poeta? Adoecendo no corpo ou na alma? Ou conseguimos lançar mão de defesas psíquicas, meios mais elaborados e alternativas criativas? A necessária adaptação às adversidades para enfrentar essa crise nos colocou em contato com nossa capacidade de resiliência, o que nos faz crescer emocionalmente.

Rocha Barros et al. (2020) entendem que, por mais catastrófica que seja uma situação, ela não será necessariamente traumática para todos os indivíduos na mesma intensidade ou do mesmo modo. Por isso, estaremos, desde o início, muito atentos à especificidade com que cada um de nossos pacientes reage a este momento. Os autores concordam que a emoção mais imediata no momento é o *medo*, e ponderam que talvez esta seja a mais saudável, já que o medo pode nos propiciar um contato maior com a real natureza da realidade que nos ameaça. Contudo, eles advertem:

> *o medo não pode se transformar numa visão de mundo e num convite para renunciarmos a nossa liberdade mental. O medo nos põe em contato com nossa extrema vulnerabilidade, fragilidade, finitude, e necessita ser metabolizado em suas diversas manifestações para ser mais bem integrado em nosso ego. (p. 49)*

Os indivíduos mais sadios psiquicamente vivem a ameaça, às vezes de modo intenso, mas não se traumatizam, é o que avaliam Rocha Barros et al. (2020): elas "ficam apenas com medo, muito medo, mas se organizam emocionalmente para enfrentá-lo" (p. 50). Em outros casos, porém, os autores entendem que "o medo pode se associar a outros terrores paranoides, de modo que o paciente, no caso, passa a temer por sua integridade mental e por sua unidade egoica. E começa a se sentir muito só, consumido por uma solidão avassaladora.

É o que parece ter acontecido com Dulce, uma analisanda de 41 anos. No início da pandemia, o sentimento de solidão já existente anteriormente foi potencializado pelo isolamento social imposto pelas medidas de segurança sanitária. Ela se questionava a respeito do fato de não ter nenhuma pessoa que a socorreria, caso necessitasse. Como mora sozinha, ela colocava ao lado de seu computador o telefone do hospital mais próximo, procurando antecipar-se a qualquer eventualidade.

Em alguns momentos mais paranoides, ela apavorava-se muito; em outros momentos, porém, conseguia uma organização psíquica considerável, vivendo a ameaça da contaminação pelo vírus de forma não tão intensa, principalmente diante da minha presença na análise, ainda que virtual. Ela confiava em mim como um "porto seguro", uma presença viva que, para ela, possibilitava-lhe uma sensação interna de vitalidade.

Antes da pandemia, estávamos trabalhando a dificuldade de Dulce no convívio social, o que a levava a, por vezes, evitar encontrar os amigos fora do expediente de trabalho. A paciente tinha muita vergonha de seu corpo acima do peso, de sua falta de feminilidade, de seu comportamento frente às pessoas em geral e, principalmente, a algum homem que demonstrasse interesse afetivo ou sexual por ela, ou que ela se interessasse.

Com o advento da pandemia, continuamos a trabalhar. Porém, percebemos que ao mesmo tempo que Dulce se sentia aliviada por não precisar encontrar outras pessoas presencialmente, havia uma cilada armada pela situação: o convívio social presencial foi cerceado pela imposição do isolamento social. Durante a pandemia, por meio do trabalho remoto, ela continuou participando das reuniões de trabalho; porém, quando surgiam convites para encontros virtuais ou presenciais que aludissem a um encontro amoroso, ela declinava.

Apenas nas reuniões obrigatórias de trabalho Dulce aparecia na tela sem sentir-se ameaçada pela presença de eventuais estranhos, pois já conhecia seu time de trabalho. Quando alguma oportunidade ou outras atividades surgiam, no entanto, se ela tivesse que aparecer na tela para uma plateia desconhecida, em apresentações ou *lives* – mesmo com a possibilidade de se desenvolver no trabalho e não ficar estagnada – Dulce mostrava-se insegura e com medo. A possibilidade de ser vista como uma mulher, mostrando seu corpo, ainda que parcialmente, a assustava. Com o decorrer das sessões, fomos trabalhando esta questão, que pôde ir aparecendo. Inicialmente, ela anotava as questões e os comentários feitos no *chat* de alguns palestrantes, participando ainda nos bastidores e com pouca participação na tela. Aos poucos, Dulce foi adquirindo recursos internos para enfrentar tamanho desafio e poder "mostrar sua cara", passar dos bastidores para o palco principal, fazendo apresentações e conseguindo mostrar seu potencial intelectual.

Em uma entrevista, Green (2012) indica que, quando o paciente não é capaz de associar livremente, a simbolização e a elaboração nos exigirão um trabalho suplementar: a ideia do enquadre interno do analista, que pode variar para conservar seu papel no processo. Quanto menos o enquadre clássico funciona, mais a unidade do campo psicanalítico estará situada no próprio analista e em seu pensamento clínico. Para este autor, o enquadre interno é resultante da interação de dois fatores: a análise do analista, onde este vive a experiência de um enquadre externo realizado, efetivo, com seu próprio analista, e o acúmulo de experiências com seus pacientes, que o leva a um descentramento em relação a sua própria análise. Assim, podemos observar que, com alguns pacientes, se reproduz algo do que nós mesmos vivemos em nossa análise; com outros, as coisas apresentam-se de um modo diferente.

> *A escuta analítica é em si mesma uma metaforização do enquadre. [...] Enquanto a escuta analítica é preservada, algo que a liga ao enquadre também se vê preservado, mesmo que os outros elementos do enquadre não se achem presentes. (Green, 2012, pp. 224-225)*

Goldfajn (2020) avalia que, como analistas, estamos vivendo duramente este momento: "espiamos atônitos às catástrofes político-sociais anteriormente anunciadas pelo mundo e especialmente em nosso país. Notícias de uma realidade explosiva, em que o medo da morte e da perda de gente querida promove luto e negação em um movimento de gangorra constante" (p. 90). Ela, porém, vislumbra possibilidades:

> *Em meio à pandêmica crise em que nos encontramos, exercitamos, na relação psicanalítica como em qualquer outra relação humana, a elasticidade como forma de sobrevivência. Em face de adversidades, somos capazes de colaborar, de criar e de nos adaptar. Mas somos também ambíguos: frente à destrutividade de um vírus desconhecido, somos solidários, ao mesmo tempo em que protegemos primeiro o que nos é mais caro, nossas fa-*

> *mílias, nosso sustento, nosso narcisismo. Assim, vamos ensaiando fazer o que fazíamos antes, mas de forma adaptada, no interior de espaços que agora se separam apenas pelo hífen, do home-office, em uma versão integrada de representações internas e externas. (p. 90)*

As nossas análises e as análises que oferecemos será certamente um recurso para criar e recriar, por meio do encontro analista-analisando, condições favorecedoras da ampliação do repertório psíquico, para que os conflitos possam ser pensados e experienciados ao invés de depositados no ato ou no corpo. Aproximando-nos de nossas vozes internas, podemos ajudar nossos pacientes a, da mesma forma, se aproximarem de suas próprias vozes. Diante de mudanças catastróficas e traumáticas provocadas por um vírus, que Goldfajn (2020) descreve como fantástico e real ao mesmo tempo, ela comenta sobre a complexidade deste encontro, nas atuais circunstâncias:

> *Quando o endereço do consultório desaparece como marco do encontro analítico, separa-se a justaposição entre o lugar concreto e simbólico do encontro, provocando ajustes no enquadre. Analistas e analisandos tornam-se parceiros exploradores dos elementos de reconstrução do enquadre analítico. Para o enquadre renascer, é importante justapor, então, a adaptação e a flexibilização do enquadre presencial para o enquadre eletrônico (e-setting) (p. 88).*

Na atual pandemia, tivemos de migrar para o espaço virtual que, para Goldfajn (2020), é um novo domínio, com novas temporalidades. "Somos transportados ao ciberespaço, com uma temporalidade distinta, onde os processos transferenciais não se medem mais pela hora de cinquenta minutos" (p. 89). Para a autora, vivemos uma revolução que ocorreu em um clique, de um dia para o outro, de acordo com a progressão do contágio viral pelo mundo. Por certo, tivemos e temos de nos reinventar novas maneiras, nos adaptar a novas regras e viver os lutos infelizmente necessários.

Tomo novamente as palavras de Freud (1916/1976), quando fala da necessidade de renunciarmos ao que era precioso, mas terminou:

> *O luto [...], por mais doloroso que possa ser, chega a um fim espontâneo. Quando renunciou a tudo que foi perdido, então consumiu-se a si próprio, e nossa libido fica mais uma vez livre (enquanto ainda formos jovens e ativos) para substituir os objetos perdidos por novos igualmente, ou ainda mais, preciosos. É de esperar que isso também seja verdade em relação às perdas causadas pela presente guerra. Quando o luto tiver terminado, verificar-se-á que o alto conceito em que tínhamos as riquezas da civilização nada perdeu com a descoberta de sua fragilidade. Reconstruiremos tudo o que a guerra destruiu, e talvez em terreno mais firme e de forma mais duradoura do que antes (pp. 347-348).*

Que, a partir de 2022, nossa reconstrução, no pós-pandemia, seja firme, rica e forte.

Referências

Andrade, C. D. de. (1945/2016). *A flor e a náusea*. Recuperado de https://wp.ufpel.edu.br/aulusmm/2016/10/04/a-flor-e-a-nausea-carlos-drummond-de-andrade/. Acesso em: 23 abr. 2021.

Ferenczi, S. (1992). *Obras completas: psicanálise IV*. São Paulo: Martins Fontes.

Freud, S. (1916/1976). Sobre a transitoriedade. In *Edição standard brasileira das obras completas de Sigmund Freud* (Vol. 14, pp. 345-348). Rio de Janeiro: Imago.

Freud, S. (1919/1976). O estranho. In *Edição standard brasileira das obras completas de Sigmund Freud* (Vol. 17, pp. 273-318). Rio de Janeiro: Imago.

Goldfajn, D. S. (2020). Quando nada será como antes: a elasticidade da técnica psicanalítica em tempos de Covid-19. *Trieb*, Rio de Janeiro, *19*(1/2), 87-104.

Green, A. (2012). A clínica contemporânea e o enquadre interno do analista. Entrevista realizada por Fernando Urribarri. *Revista Brasileira de Psicanálise*, São Paulo, *46*(3), 215-225.

Hinshelwood, R. D. (1992). Identificação projetiva. In R. D. Hinshelwood, *Dicionário do pensamento kleiniano* (pp. 193-221). Porto Alegre: Artes Médicas.

Kaës, R. (2013). Il gruppo in tempo di crisi: l'approccio psicoanalitico di gruppo e il malessere nella cultura del nostro tempo. *Ricerca Psicoanalitica: Rivista della Relazione in Psicoanalisi*, 3, 5-11.

Laub, M. (2020). A quarentena de Amyr Klink: cem dias entre os tubarões e o tédio. *Valor Econômico*, Eu & Fim de Semana, 30-31, citado em E. M. Rocha Barros, A. M. Rocha Barros Neto,

E.L. & Rocha Barros (2020). O potencial traumático da pandemia de Covid-19. *Revista Brasileira de Psicanálise: pandemia*, São Paulo, *54*(2), 45.

Marty, P. (1993). *A psicossomática do adulto*. Porto Alegre: Artmed.

Minerbo, M. (2020a). *Trauma branco*. Trabalho apresentado no II Simpósio Bienal da Sociedade Brasileira de Psicanálise de São Paulo "Fronteiras da Psicanálise: a clínica em movimento" [online]. (Texto não publicado)

Minerbo, M. (2020b). O trauma branco e seus destinos. *Observatório Psicanalítico Febrapsi*, 157. Recuperado de https://febrapsi.org/publicacoes/observatorio/observatorio-psicanalitico-1572020/. Acesso em: 23 abr. 2020.

Mion, C. C. (2019). *Observação e intuição em psicanálise*. Trabalho apresentado na XII Jornada de Psicanálise: Bion 2019 – Intuição e Observação. (Texto não publicado)

Nosek, L. (2017). *A disposição para o assombro*. São Paulo: Perspectiva.

Rocha Barros, E. M., Rocha Barros Neto, A. M., & Rocha Barros, E. L. (2020). O potencial traumático da pandemia de Covid-19. *Revista Brasileira de Psicanálise: pandemia*, São Paulo, *54*(2), 45-57.

Roussillon, R. (2019). *Manual da prática clínica em psicologia e psicopatologia*. São Paulo: Blucher.

Scarfone, D. (2017). Ten short essays on how trauma is inextricably woven into psychic life. *The Psychoanalytic Quarterly*, *86*(1), 21-43.

Steinwurz, D. A. (2017). Doença de Crohn e retocolite: abordagem psicanalítica dos fenômenos somáticos. In V. R. Bejar (Org.), *Dor psíquica, dor corporal: uma abordagem multidisciplinar* (pp. 175-198). São Paulo: Blucher.

Winnicott, D. W. (1949/2000). A mente e a relação com o psicossoma. In *Da pediatria à psicanálise: obras escolhidas de D. W. Winnicott* (pp. 332-346). Rio de Janeiro: Imago.

Zimerman, D. E. (2001). *Vocabulário contemporâneo de psicanálise*. Porto Alegre: Artmed.

Zusman, A. (2020). *Psicanálise e conflitos emocionais em tempos de covid*. Encontro virtual promovido pela Sociedade Psicanalítica do Rio de Janeiro em 23 de maio de 2020.

7. Formas clínicas da melancolia: "Eu não quero levar comigo", mas levo, "a mortalha do amor"

Gleda Brandão Araujo

Oh, pedaço de mim
Oh, metade amputada de mim
Leva o que há de ti
Que a saudade dói latejada
É assim como uma fisgada
No membro que já perdi
Oh, pedaço de mim
Oh, metade adorada de mim
Lava os olhos meus
Que a saudade é o pior castigo
E eu não quero levar comigo
A mortalha do amor
Adeus

C. B. de Holanda

Melancolia[1] *n.f.*

1. Designação de intensa e longa tristeza;

2. Abatimento, desânimo ou languidez;

1 Recuperado de https://www.lexico.pt/melancolia/.

> *3. Torpor ou hipocondria;*
> *4. (Medicina) Condição mental que se traduz numa depressão relativamente profunda, uma sensação de impotência, um dissabor de existência e, por vezes, pensamentos desvairados de acusação do próprio, de desbrio ou rebaixamento direcionado ao próprio.*
>
> Etm. do grego: melagkholía;
> do latim: melancholĭa

> *[Melancolia] ... desânimo profundamente penoso, cessação de interesse pelo mundo externo, perda da capacidade de amar, inibição de toda e qualquer atividade, e uma diminuição dos sentimentos de autoestima a ponto de encontrar expressão em auto-recriminação e auto-envilecimento culminando numa expectativa delirante de punição... . com uma única exceção [perturbação da autoestima], os mesmos traços são encontrados no luto.*
>
> Freud, 1917/1972, p. 143

Este trabalho é uma tentativa de refletir sobre algumas inquietações no atendimento de certos pacientes, que em suas falas e associações deixam entrever um lamento por algo perdido num passado remoto e que, a despeito de todos os esforços, não pode ser recuperado. Esses pacientes, como na letra da música de Chico Buarque, carregam a mortalha desse amor perdido e irrecuperável. Para ilustrar, vou usar vinhetas de dois casos clínicos.

Maria das Dores é uma jovem mulher que procurou análise porque sofria muito; tinha dores difusas, dores confusas e dores específicas. Doía-lhe a cabeça, doía-lhe o corpo, doía-lhe a mente e doía-lhe a alma.

Contou-me sua história: era a terceira filha em uma prole de quatro; tinha poucas recordações de sua infância e adolescência, apenas de que tinha sido uma criança boazinha e cordata, além de uma vaga lembrança de ter sido sempre retraída e experimentar muita dificuldade em se afastar de sua mãe.

Algumas imagens pálidas, borradas e incômodas insistiam em se manter em sua mente: em um passado enevoado e distante, alguém, um tio, durante um período de férias na casa de seus avós, havia lhe bolinado em troca de uma guloseima que tanto gostava. Esse tio, considerado por todos como uma pessoa amorosa, lhe devotava uma grande e especial afeição. e das Dores sentia-se compelida, em especial por sua mãe, a retribuir o afeto desse tio, mesmo demonstrando resistência em fazê-lo. Essas lembranças foram relatadas com um misto de tristeza, vergonha e ódio. Provavelmente nessa mesma época tenha nascido seu irmão mais novo, com quem estabeleceu desde sempre uma relação difícil e conflituosa, alternando entre sentimentos amorosos de carinho e proteção e sentimentos hostis de ciúmes e competição. Assim, sua história ficou marcada pelo abuso sofrido, pela complacência da sua mãe e pela não aceitação do nascimento de seu irmão, fatores que fizeram sua retração aumentar.

Além disso sentia-se exigida por uma imago materna invasiva, intransigente e narcisista, que lhe cobrava ser boazinha, recatada, não expressar raiva, deveria entender a tudo e a todos, ou seja, deveria ser uma boa menina independente do que lhe ocorresse ou de quem lhe agredisse. Por sua vez, apresentava seu pai como uma figura distante, também massacrado por sua mãe e em quem não conseguia encontrar refúgio.

Conta que suas dores físicas iniciaram no final de sua adolescência. Após uma peregrinação a vários médicos recebeu o diagnóstico de fibromialgia. Iniciou um tratamento com antidepressivo, que proporcionou uma melhora, mas não uma remissão completa dos sintomas.

Das Dores, uma moça muito bonita e bem-vestida, denotava uma grande tristeza, desânimo, falta de esperança, um sentimento de tédio e nenhuma perspectiva para seu futuro. Sentia-se feia, desengonçada e pouco atraente. Acreditava que não tinha nada para oferecer a outra pessoa. Sentia-se incapaz de cuidar de si mesma ou de tomar conta de sua própria vida. Cursara uma faculdade porque tinha que fazer, escolhera um curso porque a família lhe convencera de que esse curso lhe daria boas oportunidades de emprego, mas trabalhava em uma atividade que não gostava.

No campo afetivo não era diferente: namorou porque todos namoravam, transou porque todo mundo transava. Naquele momento estava morando com seu namorado, mas a vida a dois era descrita com pouco sexo, pouco desejo, nenhuma paixão, nenhum plano de casamento, de futuro ou de filhos.

Destoando desse quadro que pintava de si mesma, Das Dores era bem falante nas sessões, contava dos últimos acontecimentos de sua vida entremeados com algumas lembranças do passado, estabelecendo assim conexões entre passado e presente, mas, no entanto os seus sonhos eram constituídos apenas por sensações de perseguição e desespero, sem enredo ou conteúdo.

O que sempre me chamou a atenção e que me colocou a refletir era sua constante e onipresente queixa de algum tipo de dor sobretudo na primeira sessão da semana. Os finais de semana marcados pelo tédio cobravam seu preço. Ao mesmo tempo, a expressão da raiva e de dor pareciam ser carregadas de desejo e de vida. Falava de seu ódio com as mãos, com expressões faciais e com todo o corpo, não se sentia desanimada para ter raiva e odiar.

Nesses momentos Das Dores fazia ataques violentos à análise e à analista, os quais ocorriam sobretudo após interrupções (férias minhas e/ou dela, feriados), ou após a percepção de algum crescimento, momentos em que me dizia com muito ódio que a análise não lhe estava ajudando em nada e que iria parar. Queixava-se que eu pouco falava e não lhe dizia o que fazer. Esperava que eu fosse como a mãe da qual tanto reclamava e criticava: invasiva, que não a deixava crescer e nem pensar e que não a reconhecia como uma pessoa adulta e capaz.

Nos primeiros tempos da análise, tentava estabelecer conexões entre esses ataques de fúria, bem como de seu tédio e desânimo com a situação traumática do abuso sofrido na infância. Norteada, porém, pela minha contratransferência fui percebendo que todas as dores de Das Dores eram sua forma preferida de comunicar o profundo desespero que experienciava frente à possibilidade de qualquer separação, quando era tomada por angústias catastróficas (como as descritas por Klein) e por um sentimento de desamparo e dor, diante de tais sofrimentos não encontrava dentro de si recursos para lidar com tamanha dor e sequer simbolizá-la. O trauma da infância mais do que a situação em si, evocava e potencializava a vivência de desamparo.

Ester, uma jovem mulher em seus trinta e poucos anos, procurou análise quando estava grávida de seu primeiro filho. Era casada e tinha uma carreira de sucesso, na qual tinha se empenhado enormemente para conquistar e manter.

Seu discurso era entremeado de angústias e queixas contra tudo e todos: a funcionária da sua casa, seu marido, a carreira que escolhera ou os colegas de profissão. Os problemas diários eram interpretados como uma conspiração do universo ou energias negativas enviadas pela sogra que mora a muitos quilômetros de distância. No meio desse turbilhão paranoico, o que sobressaía era o seu sentimento de que sempre fizera escolhas erradas, estava sempre no lugar errado, assim deveria ter escolhido outro marido, outra carreira, outra escola para os filhos, outra funcionária para sua casa, a escolha que não fizera era a melhor e agora estava perdida para sempre.

Ester nascera em uma família que, por um lado, tinha alguns aspectos tradicionais e, por outro, algumas coisas excêntricas; por exemplo, seus pais haviam elegido uma pequena cidade para viver e criar os filhos, embora ambos tenham nascido e crescido em uma capital, almejavam com isso criar um ambiente mais puro e natural, um paraíso para a prole, quase a exemplo de comunidades esotéricas. A mãe de Ester, uma profissional liberal se vira compelida por sua mãe (a avó de Ester) a fazer uma faculdade que não gostava, o que redundou em uma carreira medíocre. O pai de Ester era um sonhador e aparentemente partiu dele a ideia de construir esse paraíso para viver com a família. Só que todos os seus planos mirabolantes não deram muito certo, bem como sempre teve dificuldade em ganhar o próprio sustento.

A avó materna exerceu um importante papel na vida de Ester, apesar de ser descrita como dura, angariou a admiração e a confiança da neta, pois era uma mulher forte, determinada, e em uma época em que não era tão comum para as mulheres, tinha uma profissão e uma carreira, além de professar ideais feministas, fatores que causaram uma forte impressão na vida e na mente de Ester.

A imagem da avó e o ideal que esta representava, significavam para Ester em muitos momentos algo inatingível, assim quando se via enredada pelas tarefas domésticas, pelas demandas da maternagem, ou ainda, por alguns desencontros conjugais, sentia que estava falhando, não por se acreditar incapaz, mas por estar envolvida com coisas de "mulherzinha". Vale ressaltar, que Ester tinha uma vida sexual pouco satisfatória e um tanto insossa. Costumava se queixar de algumas dores e ultimamente apresentava alguns distúrbios vagos nos órgãos dos sentidos, sem nenhum diagnóstico conclusivo.

As lamúrias de Ester por vezes me cansavam e me faziam sentir como Sísifo em uma tarefa repetitiva e estéril. Seu desespero diante do mínimo problema, de que ordem fosse, me desanimava. Tudo ficou ainda mais desesperador quando sua mãe, portadora de uma doença degenerativa e com poucas, ou melhor, nenhuma perspectiva de melhora, provocou em Ester uma avalanche de autoacusações, sua mãe adoecera porque ela, Ester, saíra de casa em busca de seus sonhos, para construir uma carreira, para se casar, ou ainda porque a mãe assistira seus partos, e a "violência" do parto normal lhe fora insuportável, fazendo piorar o quadro.

Em uma sessão, Ester me conta que pela manhã estava deitada na cama de um de seus filhos e ao descer da cama pisou e quebrou seus óculos que inadvertidamente havia deixado no chão, e complementa: "*... e o meu marido sempre me criticou por essa mania que tenho de deixar os meus óculos no chão*". Após um monte de lamúrias pelo acidente, ela diz que esse fato a fez recordar que, em uma viagem ao exterior, estava passeando por uma famosa avenida e entrou em uma loja, onde encontrou um par de óculos de sol, cujo modelo, além de lhe agradar muito, lhe caiu muito bem – percepção confirmada pelo vendedor. Como sempre, foi açoitada por dúvidas, por exemplo, se aquela compra seria um bom negócio. Perguntou ao marido, que lhe sugeriu olhar em mais lojas. E assim, Ester saiu da loja sem comprar os óculos. Procurou em diversas lojas e não encontrou algo que lhe agradasse tanto, e por uma série de circunstâncias não foi possível retornar à loja. Em seguida, Ester começa primeiro a culpar o marido e depois a se lamentar pelos "óculos" perdidos e nunca mais encontrados, afirmando ter certeza de que nunca mais em sua vida iria encontrar óculos como aqueles, pois já procurou em vão em diversos países e na internet, sem encontrá-los. Estão perdidos para sempre.

Nestes dois casos, a despeito dos diferentes aspectos que se pode depreender das pacientes - como traços histéricos, quadros psicossomáticos, defesas fóbicas e comportamentos obsessivos, dentre outros -, a perda de um objeto que nunca mais foi e nunca mais será encontrado me levou a pensar que essas pacientes trazem no âmago de seus sintomas um "núcleo" melancólico, o luto por um objeto perdido para sempre, restando-lhes apenas carregar a mortalha do amor.

Aproximação teórica

Pensando primeiro em Maria das Dores, cuja queixa principal eram as dores onipresentes, podemos pinçar, ao longo da obra de Freud, várias reflexões sobre a dor, apesar de ele não ter escrito nenhum artigo específico sobre o tema. Em "Projeto para uma psicologia científica" (1895), na Parte I, Seção 6, intitulada "A Dor", ele afirma que todos os dispositivos biológicos têm um limite que, se for ultrapassado, determina seu fracasso, e que o equivalente ao fracasso nos dispositivos biológicos seria a dor. Em suas palavras, o sistema nervoso tem como característica fugir da dor. Tal característica é demonstrada na tendência primária de evitar o aumento da tensão quantitativa, ou seja, a dor é produzida por grandes quantidades de estímulos (natureza quantitativa), mas também possui uma dimensão qualitativa ao produzir sensação de desprazer no aparelho psíquico.

No Rascunho G (1895/1996), "Melancolia", Freud estabelece uma correlação entre melancolia e anestesia sexual (que pode se manifestar como frigidez) e aponta a inibição psíquica, empobrecimento instintual e o sofrimento como efeitos da melancolia. Nesse Rascunho Freud já associa a melancolia à perda do objeto:

> *Podemos imaginar que, quando o ps. G. [grupo sexual psíquico] se defronta com uma grande perda da quantidade de sua excitação, pode acontecer uma retração para dentro (por assim dizer) na esfera psíquica, que produz um efeito de sucção sobre as quantidades de excitação contíguas. Os neurônios associados são obrigados a desfazer-se de sua excitação, o que produz sofrimento. Desfazer associações é sempre doloroso. Com isso, instala-se um empobrecimento da excitação (no seu depósito livre) - uma hemorragia interna, por assim dizer - que se manifesta nas outras pulsões e funções. Essa retração para dentro atua de forma inibidora, como uma ferida, num modo análogo ao da dor (cf. a teoria da dor física). (Freud, 1926/1976)*

Pode-se observar que essa retração diante da falta, que Freud denominou de hemorragia interna, estabeleceu uma correlação entre a dor e uma ferida no corpo, mas também à falta (dor do luto pela perda da pessoa amada), um anseio por algo perdido na vida instintiva. Também correlacionou ao vazio mental (típico do melancólico) uma mente que não pode ser um continente dos seus próprios conteúdos.

Ao comentar sobre esse manuscrito, enviado a Fliess, Roudinesco diz que, em 1895, Freud se interrogava sobre a melancolia e, nas suas reflexões sobre o tema, a aproximou do luto, isto é, do "pesar por alguma coisa perdida"; comparou-a à anorexia e a relacionou a uma falta de excitação sexual somática.

Mas foi em 1917 que Freud publicou um texto magistral sobre a tema, "Luto e melancolia", sendo o segundo termo a forma patológica do primeiro. Enquanto o sujeito, no trabalho do luto, consegue desligar-se progressivamente do objeto perdido, na melancolia, ao contrário, ele se supõe culpado pela morte ocorrida, a nega e se julga possuído pelo morto ou pela doença que acarretou sua morte. Em suma, o ego se identifica com o objeto perdido, a ponto de ele mesmo se perder no desespero infinito de um nada irremediável.

Outro aspecto apontado por Freud nesse texto é que a melancolia toma emprestado do luto alguns dos seus traços e, do processo de regressão, a escolha objetal narcisista para o narcisismo. É por um lado, como o luto, uma reação à perda real de um objeto amado; mas, acima de tudo, é assinalada por uma determinante que se acha ausente no luto normal ou que, se estiver presente, transforma este em luto patológico.

A perda de um objeto amado constitui excelente oportunidade para que a ambivalência nas relações amorosas se faça efetiva e manifesta, mas pelo conflito devido à ambivalência culmina em um luto patológico, forçando-o a expressar-se sob forma de autorrecriminação, no sentido de que a própria pessoa enlutada é culpada pela perda do objeto amado.

Voltando a nossas duas jovens mulheres, podemos inferir que em momentos cruciais de seus desenvolvimentos alguma coisa falhou na relação com esse objeto que era tão fundamental para o crescimento. O anseio pelo objeto perdido ou faltante não pode ser elaborado e assim a hemorragia interna, como diz Freud, não foi estancada, enfraquecendo o ego, e portanto, diante de cada exigência fosse instintual ou do mundo externo, elas se sentiam incapazes encontrar ou desenvolver ações específicas para alcançar a satisfação, a melhor solução que encontraram foi manterem-se reclusas e em uma vida entediante como maneira de livrar-se dos estímulos, demandas e perigos da própria existência (como fez das Dores) ou viver uma vida de auto recriminações e de insatisfações constantes em busca de um "par de óculos perfeito" perdido para sempre, como fez Ester.

Referências

Freud, S. (1895). Projeto para uma psicologia científica. In *Edição standard brasileira.* Rio de Janeiro: Imago.

Freud, S. (1895/1996). "Extratos dos documentos dirigidos a Fliess: rascunho G" (J. Salomão, Trad.). In *Edição standard brasileira das obras psicológicas completas de Sigmund Freud.* (Vol. 1, pp. 246-253). Rio de Janeiro: Imago.

Freud, S. (1917/1972). Luto e Melancolia. In *Edição Standard Brasileira* (Vol. XIV, pp. 140-153). Rio de Janeiro: Imago.

Freud, S. (1926/1976). Inibições, sintomas e ansiedades. In *Edição standard brasileira das obras completas de Sigmund Freud* (Vol. 20) Rio de Janeiro: Imago.

Roudinesco, E., & Plom, M. (1998). *Dicionário de psicanálise.* Rio de Janeiro: Zahar.

8. Experiência emocional e intuição no atendimento psicanalítico à distância: observações e reflexões preliminares[1]

João Carlos Braga

Embora não seja um tema novo, a recente pandemia criou para os psicanalistas a necessidade de dar atenção ao atendimento psicanalítico à distância, assunto até então periférico, secundário e controverso. O que era uma grande exceção, subitamente passou a ser o meio viável para a continuidade de trabalhos analíticos. Esta realidade nos impôs a necessidade de conhecermos melhor o que representa esta importante mudança de *setting*.

Entre tantas facetas que emergiram como necessitando exame, me interessaram as mudanças que avaliei experimentar no desempenho da função psicanalítica nas novas condições. Dois temas ganharam especial destaque neste contexto: *experiência emocional* e *intuição*, conceitos que tomo como eixos organizadores de duas formas de funcionamento mental, as das dimensões do *conhecer* e do *tornar-se a realidade*.

1 Trabalho apresentado para discussão com o grupo de estudos "Des-amparo e a mente do analista", da SBPSP, em 22 de agosto de 2020, em reunião coordenada por Walkiria Nunez Paulo dos Santos.

Desde este início, reconheço que estive fazendo minhas observações utilizando um filtro que, de forma simplificada, está delimitado pelas propostas de W. R. Bion sobre o processo analítico. Embora com este foco pareça que estamos diante de um tema que vai interessar apenas a quem valoriza o pensamento deste autor, este exame é de interesse a qualquer analista que se ponha a trabalhar com atendimento psicanalítico à distância. Qualquer analista que se lance nesta mudança de *setting* vai estar às voltas com alterações que, inevitavelmente, se apresentarão nele mesmo como seu instrumento para desempenhar o trabalho analítico.

O exame aqui feito apenas mostra um dos caminhos possíveis para reflexões do que surge no analista com esta significativa mudança do *setting* analítico. Para o desenvolvimento desta proposta, me apoiarei em duas vertentes: 1) as compreensões a que cheguei sobre a especificidade do atendimento psicanalítico à distância, ao refletir sobre os fundamentos do processo analítico; e 2) as observações sobre a experiência clínica que estou tendo nestes cinco meses de trabalho psicanalítico à distância.

Na tentativa de manter uma discriminação maior na aproximação das diferentes facetas abordadas, destacarei cada uma por uma numeração sequencial.

1. Há fundamentos que apoiam a validade do atendimento psicanalítico à distância? De forma simplificada, três premissas – uma prática, outra epistemológica e a terceira histórica – apoiam a aceitação desta condição:

   (1ª) Não tivemos escolha: ou o meio eletrônico ou cessar o contato analítico;

   (2ª) O fenômeno psicanalítico não se apresenta apenas dentro do *setting* clássico criado pela psicanálise. A dimensão psicanalítica é própria à mente humana. É a própria razão de ser da psicanálise o reconhecimento da existência de um domínio de onde emana a vida mental: o inconsciente.

Também é fato de fácil observação que não é uniforme a maneira de pensar a experiência psicanalítica, a ponto de terem-se criados diferentes sistemas de pensamento e de trabalho clínico. É uma decorrência de ser uma sistematização científica de observações empíricas: comporta diferentes formulações. Atualmente acompanhamos a coexistência de seis grandes sistemas[2] (e de inumeráveis variações), todos enraizados em Freud, cada qual com seu embasamento em diferentes teorias do funcionamento mental, do desenvolvimento da personalidade e do processo terapêutico;

(3ª) Em um precipitado destes mais de cem anos da história da psicanálise, mudanças significativas no *setting* são eventos frequentes. Freud foi o primeiro a fazê-las, assim como também o fez na forma de pensar os fenômenos mentais que encontrava. E não foram poucas estas mudanças, desde, por exemplo, o abrir mão do recurso da sugestão. As alterações na frequência de sessões, inicialmente seis na semana, são o exemplo mais simples. Contemporaneamente continuamos a acompanhar a ocorrência de mudanças de *setting*, como a aceitação recente pela IPA, para formação analítica, das análises em sessões concentradas e de análises com frequência de três sessões semanais. Vale a pena também termos presente a mudança que vem com o reconhecimento que o *setting* não é só físico, mas que cada analista constrói o seu *setting* mental com cada analisando.

2. Antes de entrarmos nas questões específicas desta mudança do *setting* presencial para o virtual, creio ser importante para

---

2 Os sistemas de S. Freud, M. Klein, W. R. Bion, D. Winnicott, J. Lacan e o das psicologias do Ego e do Self.

a avaliação de minhas observações destacar que, mesmo antes de passar a adotar o trabalho psicanalítico à distância, tinha consciência que minha forma de pensar a clínica psicanalítica já mudara várias vezes nestes quarenta anos de prática. Minha última mudança mais significativa foi a progressiva aceitação do segundo sistema de pensamento psicanalítico de Bion (a proposição do contato direto com a realidade psíquica por meio do *ser ou tornar-se a realidade*). O primeiro (o aprender com a experiência emocional) avalio ter sido minha referência psicanalítica solitária durante uns dez ou quinze anos de trabalho psicanalítico, após anos iniciais de influência decisiva dos pensamentos de M. Klein e, depois, de Freud. Nos últimos quinze ou vinte anos, percebo-me utilizando ambos os sistemas de pensamento de Bion, com importância crescente do segundo (o ser ou tornar-se a realidade) em relação ao primeiro (a teoria do conhecimento).

Com esta observação, quero destacar duas coisas: 1) que mudar a forma de pensar e de trabalhar na clínica é fato bem conhecido para mim, fato que vejo tanto presente em muitos analistas como na história de psicanálise; e 2), que mesmo antes de trabalhar psicanaliticamente *online*, já estava bastante atento às diferenças entre, por um lado, trabalhar com experiências emocionais na formação de pensamentos do pensador e, por outro, trabalhar com intuições, na dimensão do ser ou tornar-se a realidade.

3. Com a mudança do *setting* presencial para o atendimento *online*, fui identificando algumas diferenças significativas em minha maneira de me perceber na relação analítica; ou seja, de mudanças no *setting* mental que crio para exercer a atividade analítica com cada analisando. Descrevo, sinteticamente, estas observações:

(3.1) Minha experiência, inicialmente, foi de um grande cansaço na prática do atendimento *online*. Descrições de experiência semelhante são feitas pelos colegas que nele se lançaram. De início, entendia que o cansaço maior que experimentava no atendimento à distância era fruto de maiores exigências para captar os fenômenos psíquicos envolvidos na relação analítica. Pensei que, com a mudança de *setting*, meu instrumento de captação da dimensão psicanalítica (minha própria mente) ficou "descalibrado" para a nova condição e precisei de um tempo para ter maior familiaridade em seu novo uso.

Aprofundei esta observação inicial com o reconhecimento que esta reação estava ligada ao estado mental necessário para alcançar a dimensão analítica, sintetizado pelo conceito de "atenção", na Grade: uma faixa estreita dirigida à captação de elementos específicos entre os registros de memória ("notação") e de elaboração de experiências imediatas que provocam curiosidade ("indagação").

Com a continuidade nas reflexões, acrescentei outro fator, após notar que, em minha experiência, este estado de desgaste mental ia diminuindo à medida que fui adquirindo maior familiaridade com as novas condições de trabalho e que, creio eu, tenha feito uma nova "calibragem" em meu instrumento de captação das tênues e específicas manifestações da vida emocional. Dei-me conta da semelhança deste estado com o desconforto maior surgido no contato direto com níveis mais indiferenciados da mente que surgiam na relação analítica, no trabalho presencial: suas características de entorpecimento, de alteração nas sensações de passagem do tempo, de menor clareza nas conexões entre estímulos, de afastamento do agradável funcionamento mental próprio ao onírico. Na dimensão de maior envolvimento com o mais primitivo, vamos perceber as dificuldades em abandonar o que os sentidos e o entendimento nos oferecem, em benefício de uma disponibilidade a sermos alcançados e fertilizados pelas emanações próprias às emoções básicas. Mas é a condição em que surgem, com mais facilidade, pensamentos estranhos ao racional.

O desconforto e desgaste emocional nesta atitude mental pareceu-me o mesmo que depende de uma disciplina severa para o exercício da função analítica, como postulado por Bion como propício para as transformações em ser ou tornar-se a realidade. Nesta condição, experimentamos o medo de nos perder ao abandonar as funções psíquicas familiares, dependentes das elaborações em pensamentos das experiências colhidas a partir do sensório. Ora, no *setting* virtual há, obviamente, uma diminuição da captação das manifestações sensoriais que "carregam" as experiências emocionais. Com este acréscimo, imagino que possamos substituir "cansaço" por "desgaste emocional" do analista, imposto pelas mudanças para as novas condições do enquadre analítico.

(3.2) Comecei a me dar conta que ficara mais difícil a apreensão e a identificação de experiências emocionais favorecedoras da formação de pensamentos oníricos no par analítico. A maior dificuldade de acesso a manifestações sensoriais efêmeras e sutis próprias à linguagem não-verbal cobrava seu preço. Sem a presença física do analisando, diminuiam muito as percepções de mudanças em entonações da voz, de ênfase em certas palavras, de manifestações corporais associadas ao falar, da presença de nuances em rituais sociais – para não falar das distorções inevitáveis de som e imagem próprias ao meio *on-line* –, todas estas formas de captação do "transporte" da experiência emocional pelo sensorial. Não que captações de experiências emocionais tenham desaparecido, mas sim que ficaram mais difíceis e menos confiáveis com a mudança de *setting*.

(3.3) Coetaneamente, passei a conjecturar ter passado a apoiar-me mais decididamente nos movimentos mentais do analisando que sinalizavam o sentido de busca do tornar-se a realidade, assim como em indicações dos estados mentais e do funcionamento mental do analisando, conforme se apresentavam na relação analítica.

Nestes movimentos, identifico a presença da intuição como recurso principal em meu funcionamento mental – e não mais o de estar atento às experiências emocionais, que posso estar elaborando na proposta de favorecer a formação de pensamentos.

(3.4) Também me percebi avaliando como de maior utilidade o incremento de uma atitude investigativa do que se apresentava diretamente nas manifestações do analisando. Percebi-me mais ativo na relação analítica, creio que mais espontâneo, favorecendo um ser eu mesmo na relação analítica. Vejo este movimento na linha do que Rudi Vermote (2016) apontou estar presente nos últimos anos da vida de Bion, associada ao tornar-se a realidade, e que ele identificou como "uma postura filosófica socrática de um não saber fundamental" (p.7).

(3.5) No exame de minha maneira de estar no trabalho psicanalítico, passei a perceber estar se impondo a mim uma condição de atenção mais difusa, menos presa aos significados do que escutava estar sendo verbalizado. Tomei esta condição como um "termômetro" de minha tolerância a níveis menos organizados de funcionamento mental do analisando. Simplificadamente, a observação era que o contato maior com dimensões menos organizadas da mente trazia-me para um estado mental de certa dispersão mental, facilmente infiltrada por graus maiores ou menores de atenção "desfocada", enquanto o contato com estados mentais simbólicos, mais organizados em representações carregando emoções, favorecia uma atenção estimulada.

Dentro da faixa de captação de fenômenos mentais aos quais estava habituado, advindos do meio criado pela proximidade entre as duas mentes, acredito que passei a depender mais do aguardar por captações intuitivas (como na descrição de Bion em *Evidência*, penso eu), do que por meio das experiências emocionais. Um deslocamento que representaria, para estados mentais, como a passagem da linha C para as linhas B e A da Grade ("sopros de pensamento" e não-pensamentos, formulações indistinguíveis de fatos).

(3.6) Em síntese, avaliei que precisei mudar a "afinação" de meu instrumento para conjugar minha mente com as evoluções na sessão conduzida em *setting* virtual. Avaliei como uma mudança na composição do conjunto de recursos que me vejo utilizando para embasar minhas intervenções na sessão. O que descrevi como uma diminuição do espaço onírico foi compensado por acréscimos no aguardar o surgimento de intuições, além do recorrer, à guisa de andaimes, a assinalamentos do funcionamento mental do analisando (trabalhar no diâmetro do círculo das verbalizações do analisando), assim como por intervenções com uma qualidade investigativa daquilo que sinto como carregando ambiguidades nas manifestações do analisando.

4. As experiências emocionais do analista vão ter, obviamente, diferenças em suas captações quando ocorrem no meio presencial ou no virtual. Os meios diferentes em que as experiências são transmitidas influenciam o processo de transformação. Por exemplo, nestes mais de cem anos de sua existência, o cinema

não substituiu o teatro. A experiência emocional de assistir a uma mesma peça em cada um destes meios de transmissão é claramente diferente.

O que tenho conjecturado que dificulta a captação e a elaboração das experiências emocionais vividas pelo analista no *setting* virtual? O postulado que embasa a utilização das experiências emocionais como matéria prima privilegiada para o desenvolvimento mental é a compreensão que estados emocionais do analisando, não conscientes para ele, podem ser captados por meio de experiências emocionais vividas pelo analista, no íntimo contato que se cria entre ambos.

Ora, a intimidade sensorialmente apreensível, no entanto, é a maior vítima do *setting* virtual. O contato indireto, as alterações de voz e de imagem, a perda de nuances nas observações feitas pelo analista, o maior controle do setting pelo analisando e a falsificação inevitável das impressões são alguns dos inconvenientes para a transmissão, entre o par analítico, das experiências emocionais. Uma fotografia ou uma filmagem nos dão boa aproximação com o que é registrado. Mas é muito mais pobre que o contato direto. O desafio para o analista manter a qualidade analítica vai passar pelo desenvolver sua experiência clínica e criar condições substitutivas suficientemente adequadas.

5. Creio ser necessário, nesta altura, esclarecermos a utilização aqui feita dos conceitos *experiência emocional* e *intuição.*

   (5.1) Experiências emocionais e intuições são manifestações próprias à mente humana em sua tarefa de contato com a realidade. São resultantes de processos psíquicos complexos na apreensão e processamento de estímulos sensoriais e emocionais, assim como de utilização de pensamentos inconscientes.

Ganham qualidades diferentes se ocorrem em um meio de formação de pensamentos pelo pensador (teoria do pensar) ou se em um outro meio onde acontece um contato direto com a realidade (teoria do tornar-se a realidade).

Ambas, experiências emocionais e intuições, ocorrem muito frequentemente e podem ser percebidas ou não. Experiências emocionais chamam para a dimensão do emocional; intuição, para a do cognitivo.

(5.2) A conceituação de experiências emocionais aqui utilizada é a formulada em *O aprender com a experiência* (1962), como uma das etapas evolutivas na formação de um pensamento pelo pensador, na teoria de pensar de Bion. São experiências de emoções de amor, de ódio e de conhecimento, surgidas como vínculos entre continente e contido, constituindo os primórdios dos processos de formação de pensamentos.

Experiência emocional, enquanto conceito, aparece, na obra de Bion (1962) como um dos quatro pressupostos cujo conjunto forma a teoria do pensar, sendo os outros três a relação continente-contido, a consciência e a função alfa.

Na obra deste autor, desde *Transformações* (1965), vamos encontrar as referências a experiências emocionais se reduzindo em muito, ao mesmo tempo que passamos a encontrar, em seu lugar, os termos *intuition*, *impression* e *feelings*. No entanto, o termo *experiência emocional* continua presente, ocasionalmente, até o final de sua vida, aparentemente neste mesmo sentido conceituado na teoria do pensar. Assim como em Freud e em Klein, encontramos Bion utilizando esta expressão antes de 1962 (teoria do pensar), em seu sentido semântico comum de uma experiência de contato com emoções – por exemplo em *Ataques ao elo de ligação* (1959).

(5.3) Intuição é um conceito que vemos perpassar toda a obra de Bion, desde *Experiências com grupos* (1952) até *Uma memória do futuro* (1975, 1977, 1979). Mas vale a pena percebermos que, como em muitos outros conceitos utilizados por Bion, o sentido da mesma palavra muda nos diferentes períodos de sua obra. Podemos considerar que o uso feito por Bion inicialmente, em *Experiências com grupos* e nos artigos em *Estudos psicanalíticos revisados*, é sua compreensão que intuição é o instrumento básico do método de trabalho de Melanie Klein, pareando a experiência que vive com o analisando com suas experiências pessoais, organizadas em suas teorias psicanalíticas. Já em *Aprender com a experiência*, *Elementos de psicanálise* e *Transformações*, intuição carrega ainda o mesmo sentido, mas agora o de um pareamento com pensamentos inconscientes do analista, e não apenas os abstraídos da experiência psicanalítica. É, em um exemplo, a descrição de Bion de um O bipolar, no capítulo 4 de *Transformações*. Outra mudança surge com a proposta que o analista, em uma condição mental específica, pode fazer um contato direto com a realidade psíquica do analisando, nos últimos capítulos de *Transformações*, em que intuição passa a ter o sentido de uma teoria psicanalítica intuitiva, ganhando a qualidade de um acolhimento a um pensamento sem pensador. A concepção formulada por Bion em 1967, sob o nome de *intuir evolução*, parece-me encerrar claramente o que este autor pensava sobre este fenômeno psíquico, assim como aponta sua diferenciação das experiências emocionais com sua base de construção onírica: "... experiência em que alguma ideia ou impressão pictórica aparece como um todo na mente, sem ser convidada" (Bion, 1967, p. 395).

(5.4) Em síntese:

(5.4.1) Em seu sentido psicanalítico estrito, experiência emocional é um fenômeno mental, a emanação de uma emoção que vincula continente e contido, que leva a um entendimento (formação de um pensamento). Experiências emocionais na dimensão do conhecer são diferentes de experiências emocionais na dimensão do ser ou tornar-se a realidade.

(5.4.2) Intuição psicanalítica (contato direto com a realidade psíquica, sem um processamento pela formação de um pensamento) é, em seu sentido psicanalítico, um processo de funcionamento mental em que um pensamento inconsciente do analista é pareado (justaposto) a elementos inconscientes do analisando, presentes na experiência em andamento na relação analítica ("intuição psicanaliticamente treinada"). Quando ocorre em um meio de tornar-se a realidade, em um segundo tempo, o trabalho mental do analista opera sobre a experiência emocional assim vivida e a elabora seguindo os passos da formação de um pensamento pelo pensador.

6. Considerações finais:

(6.1) O prosseguimento de observações sobre o trabalho analítico mediado por via eletrônica poderá nos dar melhores condições para avaliar o que com ele muda, os ganhos que podemos ter com este método, assim como as perdas e os riscos que ele nos traz. O que podemos esperar, pelas características do trabalho analítico, é que este período de exame e de avaliação dure alguns anos e que vamos encontrar diferenças significativas em seus resultados, dependendo da cultura psicanalítica em que a avaliação vier a ocorrer, assim como do viés teórico de quem o realiza. Por exemplo, um analista que opera psicanaliticamente com as ideias de Freud ou de Klein, ou mesmo apenas com a teoria do pensar de Bion, não alcançará o que aqui está sendo examinado como as contribuições de Bion sobre o contato direto do analista com a realidade psíquica do analisando (intuição).

(6.2) A questão central que se nos impõe examinar é se nesta mudança conservamos a essência do trabalho analítico, o desenvolvimento, pelo analisando, de elementos que ainda não nasceram para sua mente. Isto é, se está em jogo apenas alterações em aspectos secundários do método.

De qualquer maneira, a situação presente é uma oportunidade para melhor percebermos a maneira de pensar nossa prática. Se assim for, sairemos desta situação com novas compreensões sobre nossa prática e nossa forma de pensar a mente humana. Afinal, a plasticidade da mente humana tem sido o que nos tem permitido continuar a sobreviver como espécie, apesar das imensas dificuldades que temos tido de enfrentar. No entanto, também vale a pena ter presente que estas mesmas condições que têm permitido um domínio humano impressionante sobre a natureza são as mesmas condições que têm levado à liberação de forças com incrível capacidade destrutiva.

Se a história do movimento psicanalítico tem nos mostrado a presença desta capacidade de desenvolvimento e de adaptação a novas condições, devemos ter também o cuidado de considerar que podemos estar colocando em ação movimentos que coloquem em risco a psicanálise como a conhecemos. Por exemplo, é difícil imaginar que o atendimento psicanalítico à distância não alcançou agora o estatuto de um método psicanalítico aceitável, mesmo não sendo o preferencial.

(6.3) Pelos elementos até agora levantados, o atendimento psicanalítico que utiliza recursos tecnológicos intermediando o contato entre analista e analisando parece conservar a especificidade própria ao trabalho analítico. Este não fica inviabilizado, embora tenha alguns parâmetros alterados. O que, do ponto de vista do analista, terá maior consequência são as exigências a adaptações em seu próprio funcionamento mental, ao buscar manter a atitude analítica nas novas condições.

(6.4) Avaliando minha experiência pessoal, vejo o trabalho psicanalítico que privilegia o trabalhar com as experiências emocionais sofrendo significativamente com a mudança do meio presencial para o *on-line*. Pareceu-me que isto, possivelmente, ocorra mais do que com outras formas de trabalho analítico, como as que privilegiam a interpretação simbólica de significados, ou as descrições de formas de trabalho analítico limitadas ao intrapsíquico do analisando, ou, ainda o trabalhar buscando ficar em uníssono com a realidade psíquica que evolve na situação analítica. Os referenciais com que opera o analista nestes métodos, vão continuar disponíveis a ele, assim como a atividade de pareamento com as manifestações inconscientes do analisando.

(6.5) Possivelmente o trabalho analítico que privilegia as experiências emocionais para dar forma aos pensamentos que evolvem na situação analítica (criação de pensamentos do pensador) vai encontrar maiores dificuldades para continuar usando este caminho na plenitude com que o fazia, em função de uma dificuldade maior na captação e elaboração das experiências emocionais.

Referências

Bion, W. R. (1959/1988). Ataques ao elo de ligação. In *Estudos psicanalíticos revisados.* (W. M. Dantas, trad.). Rio de Janeiro: Imago.

Bion, W. R. (1962/1966). *O aprender com a experiência* (J. Salomão e P. D. Correa, trads.). Rio de Janeiro: Zahar.

Bion, W. R. (1965/2004). *Transformações.* (P. C. Sandler, trad.). Rio de Janeiro: Imago.

Bion, W. R. (1967/2000). Notas sobre memória e desejo. In *Cogitações* (E. H. Sandler e P. C. Sandler, trads.). Rio de Janeiro: Imago.

Vermote, R. (2016). *Era Bion um kleiniano?* Conferência na SBPSP em 20 out. 2016. Texto não publicado.

9. A linguagem perdida das gruas[1]

Péricles Pinheiro Machado Jr.

Marina Ferreira da Rosa Ribeiro

No livro *The lost language of cranes* (1986), do qual extraio o título deste artigo, o escritor norte-americano David Leavitt narra os conflitos familiares vividos por um jovem de classe média, Philip, que certo dia, acidentalmente, assusta-se ao se dar conta da força impetuosa de suas paixões e de sua incapacidade de encontrar palavras para descrever a tempestade emocional que o aflige.

Outra personagem desse romance, Jerene, doutoranda em filosofia da linguagem na Universidade de Stanford, também se depara acidentalmente com algo que afeta radicalmente o rumo de sua vida e a direção de suas investigações acadêmicas. Durante uma pesquisa na biblioteca da universidade, Jerene encontra um artigo psicanalítico que descreve o caso de uma criança chamada Michel. À medida que lê a síntese do relato, ela sente despertar dentro de

1 O artigo é parte da pesquisa de doutoramento de Péricles P. Machado Jr. no Departamento de Psicologia Clínica do Instituto de Psicologia da Universidade de São Paulo (IP-USP), sob orientação de Marina F. R. Ribeiro. Os autores agradecem à Coordenação de Aperfeiçoamento de Pessoal de Nível Superior (Capes) pela bolsa de doutorado que financia o projeto de pesquisa.

si uma angústia que a toma de assalto e a faz mergulhar no texto como se adentrasse um universo paralelo, que guarda inúmeras semelhanças com algo que ela mesma intuía silenciosamente sobre si.

Filho de uma adolescente com histórico de problemas mentais, Michel vive abandonado em um cubículo nos subúrbios de Nova Iorque enquanto a mãe vagueia pelas ruas da cidade, imersa em sua loucura privada. Sobre o pai, nada sabemos. Os cuidados para com o bebê eram precários. A despeito dessa precariedade, Michel sobrevive. Ele chega aos 2 anos de idade sem aprender a falar: grita, berra, chora, emite sons apavorantes, que atravessam as paredes e chegam até os vizinhos, os quais frequentemente tentam intervir, embora sem sucesso.

Certa vez, a mãe sai de casa e desaparece por dias, deixando Michel à própria sorte. Assolado pelo terror do desamparo, ele grita a plenos pulmões. Os vizinhos batem à porta, ninguém responde. Queriam, a princípio, que o garoto se calasse e deixasse de importuná-los. Depois de muito chorar e perturbar longamente o sossego dos vizinhos, em determinado momento Michel emudece. O som é interrompido subitamente. Nada mais ecoa de dentro do cubículo sujo e precário. Os vizinhos estranham. O silêncio ensurdecedor torna-se então motivo de inquietação e alarme. Desconfiam que o garoto esteja desacompanhado, talvez morto. A polícia e a assistência social são acionadas. Encontram Michel esquálido, absorto, não obstante vivo. Sozinho em uma espécie de berço mal-ajambrado, ele se segura na grade e parece envolvido em uma espécie de transe. De vez em quando, seu rosto se volta para a janela e ele emite grunhidos que soam como arranhões metálicos. A assistente social observa com curiosidade. Ao olhar pela janela, ela vê um pátio de construção onde estão instaladas gruas gigantescas, das quais pendem bolas de demolição. Conforme as gruas acendiam os faróis, basculavam os eixos metálicos, produziam sons ferozes dos motores e arremessavam as bolas contra as ruínas de um prédio antigo, o pequeno Michel as imitava com movimentos bruscos de braços, pequenos guinchos estridentes produzidos por entre os dentes e sons de estalo feitos com a língua.

Michel é levado para um abrigo. Os anos passam, e ele chega à adolescência sempre imerso em um estado de selvagem isolamento. É nesse ponto que ele começa a ser acompanhado pela psicanalista que havia publicado o artigo encontrado acidentalmente por Jerene. Michel não interage com outras crianças, não se interessa por outros brinquedos. O mundo que ele conhecia limitava-se aos movimentos robóticos dos braços e aos sons de apelo às gruas que, tal qual um útero metálico, lhe haviam fornecido um ponto de apoio e provido um contorno sensorial para seu terror sem palavras. À medida que Jerene lê o trabalho, algumas perguntas lhe vêm à mente:

> *"Como eram esses sons? Como será que ele se sentia?" A linguagem pertencia unicamente a Michel e agora estava para sempre perdida para ela [Jerene]. Quão maravilhosas, quão grandiosas aquelas gruas devem ter parecido a Michel em comparação com as pequenas e desajeitadas criaturas que o rodeavam. Pois cada um, a seu modo, ela acreditava, encontra aquilo que deve amar e o ama. A janela se torna um espelho. Seja lá o que amamos, isso é quem somos. (Leavitt, 1986, p. 177)*

Valho-me dessa recordação literária como prelúdio para delinear o território em que desenvolvo este trabalho. Tenho em mente o impacto que a leitura do romance de Leavitt teve em minha vida, especialmente por haver nela encontrado ressonâncias de uma experiência que me parecia bastante familiar durante a adolescência:

as sensações de inundação passional e o sentimento de frustração ao tentar me expressar em um idioma sem referências conhecidas, uma língua que em grande medida não encontrava tradutores nem intérpretes com quem fosse possível desenvolver uma conversa verdadeira.

A breve descrição de uma personagem que acredito ser fictícia, Michel, o menino das gruas, oferece imagens que nos servem para pensar o trabalho psicanalítico como processo de (r)estabelecimento de vínculos humanos, intra e intersubjetivos, por meio da linguagem. Vejo Michel como uma metáfora para o sentimento de solidão, isolamento e sofrimento que acompanha todo aquele que busca na análise um outro que seja capaz de compreender sua linguagem perdida das gruas. Costumo designar esse fenômeno como *linguagem de sobrevivência*, para indicar um modo de comunicação singular e solitário que uma pessoa produz para dar conta de turbulências emocionais vividas em estado de desamparo, isto é, nos limites do quanto se pode contar (ou não) com a presença do outro.

No contato cotidiano, essa linguagem passa despercebida. As pessoas conversam entre si, aprendem expressões, *slogans*, usam palavras da moda, dos *memes*, dos *posts* de Facebook e comentários de Instagram. Falam o que ouviram dizer e se expressam por meio da repetição mimética como modo de aplacar o vazio que ameaça se revelar nos momentos de descuido. Podem falar aquilo que os outros querem ouvir, contam sobre seus fins de semana com amigos, falam com os pais por telefone, descrevem seus sintomas quando vão ao médico.

A linguagem a que me refiro é útil para as operações fundamentais da vida prática, mas carece da vitalidade necessária para formar vínculos emocionais entre elementos e engendrar novas concepções mobilizadoras de sentido, para si e para o outro. A linguagem de sobrevivência recorre à paralisia de formulações prontas e encapsuladas para dar conta da oscilação que se agita silenciosamente no íntimo de suas palavras. Nesse sentido, ela revela o "sentimento de desespero que influencia a vida de uma pessoa" fadada a buscar na reorganização incessante de esquemas de linguagem um senso de pertencimento por meio da adesão ao conhecido, com "um sentido muito restrito de futuro que essas representações carregam com elas" (Bollas, 1992, p. 56).

A língua vernácula é aprendida e pode mesmo ser dominada com maestria. Mas quando uma pessoa chega ao consultório para uma primeira conversa com o psicanalista, acontece algo que parece iluminar os contornos dessa linguagem única. Nela detectamos os vestígios de uma linguagem mais primitiva, cujas manifestações

> *soam como palavras, mas carecem do poder e do significado das palavras que auxiliam no pensamento e na comunicação. Elas não são produtos da mente (elementos alfa), mas se parecem mais com algo viscoso, como lágrimas ou outras excreções corporais, ou mesmo o ar quente e vazio de um suspiro pesado. (Reiner, 2018, p. 51)*

Os primeiros indícios são percebidos em sua atitude diante do desconhecido da sala de análise. Certas pessoas chegam e falam sem parar. Algumas falam como se estivessem na farmácia, pedindo um remédio para tosse. Outras pronunciam palavras trêmulas, sedutoras, enigmáticas e sem destino. A linguagem de sobrevivência vai aos poucos emergindo no contraste com a sensibilidade do analista, que pode escutar naquele que o busca vestígios de palavras malformadas, murmúrios interrompidos, sons errantes em busca de abrigo. Há que ter respeito pela linguagem de sobrevivência, pois é no limite desta que se move o ímpeto que leva a pessoa a mais uma vez buscar ajuda, ainda que seja sua primeira experiência com um analista.

Como a personagem Jerene, pergunto-me com frequência *quais seriam os sons originais, a vivência emocional mais bruta e verdadeira* daquilo que o analisando expressa na forma das palavras que pronuncia, seus maneirismos idiossincráticos, suas entonações (que talvez sejam vestígios de identificações remotas), suas formas narrativas, suas conjugações pouco usuais, suas figuras de linguagem, ora brutas, ora mais sofisticadas. Como será que suas emoções são vividas, quando a linguagem disponível para o analisando naquele momento parece ser insuficiente ou demasiadamente rasurada para dar forma a suas experiências mais íntimas?

Os limites da linguagem

Ruth Malcolm (1989) enuncia de maneira extremamente simples que "o processo analítico é um processo de comunicação" (p. 103). É certo que se trata de uma modalidade peculiar de comunicação, atravessada pela situação transferencial, pelas teorias que o analista tem em mente, pelas condições particulares de cada analisando. Como a personagem Michel, a pessoa que busca análise chega até nossos consultórios com uma organização linguística à qual temos acesso somente por meio de sua apresentação fenomenológica. Somos apresentados ao mundo interno do analisando por meio de suas verbalizações, mas também somos afetados por seu *contexto extraverbal* (Bakhtin, 2011), aqueles elementos singulares que caracterizam a estrutura de significação desse mundo interno com sua gramática afetiva particular.

Por sua vez, a fala do analista desperta no analisando respostas e reações emocionais às quais igualmente teremos acesso somente pela linguagem própria daquele que nos procura, uma linguagem que frequentemente se organiza como meio de resistência para dar conta de uma agitação emocional que se apoia no que for possível para encontrar alguma vazão. Como então estabelecemos com o analisando um canal de comunicação que possibilite o reconhecimento de sua singularidade a partir do estranhamento e das limitações próprias dessa mesma singularidade? *Como podemos aprender a linguagem de sobrevivência do analisando para engendrarmos uma linguagem de reconhecimento que seja igualmente única mas compartilhada pela dupla analítica?*

Em um texto sobre a ética dos relacionamentos humanos, Stephen Frosh propõe um delineamento da experiência psicanalítica pelo vértice da dinâmica do contato entre duas mentes, analista e analisando, e de como as sutilezas que percorrem a formulação dessa dinâmica se revelam pela linguagem. Segundo o autor, a psicanálise em suas formas contemporâneas se interessa em

> *como a fantasia adentra as relações humanas, como o sujeito pode se tornar um outro amado ou odiado para o outro, o que significa (ou como se sente) uma pessoa ao estar em conexão próxima e ao mesmo tempo conturbada com um outro, e em modos de articular e aliviar o mal-estar através da construção de relacionamentos que sejam abertos e, em importantes sentidos, verdadeiros. (Frosh, 2010, p. 127)*

Nessa perspectiva, o reconhecimento do outro é tomado como um evento que envolve uma dinâmica ativa do encontro de duas pessoas, em que o movimento mútuo de se estender em direção ao outro tem o potencial de viabilizar a emergência ou a manifestação de algo que pode ser experimentado como verdade. O vocabulário do reconhecimento do outro perpassa a compreensão dos limites da linguagem como meio de expressão da experiência íntima de cada pessoa. Dentro do que chamei de linguagem de sobrevivência, encontramos com cada analisando o desafio de perscrutar as raízes de seu idioma pessoal, ao mesmo tempo que (delicadamente) fornecemos insumos para que seus recursos de comunicação se expandam, tendo o cuidado de não provocar uma perturbação além do que pode ser suportado no campo engendrado pela dupla.

Frosh traz para o debate a função que a linguagem desempenha na própria configuração da relação eu-outro. Desde sua fundação com Freud, a psicanálise reconhece a potência da palavra como elemento que ao mesmo tempo constitui e perturba a dinâmica intrapsíquica, mas também está interessada naquilo que fica de fora das possibilidades de simbolização, isto é, no "contínuo murmúrio do não linguístico [...], naquelas experiências que parecem nos escapar justamente quando estamos prestes a enunciá-las" (Frosh, 2010, p. 139).

Fico pensando no modelo do menino das gruas para refletir sobre os aspectos da linguagem própria do analisando, que derivam não apenas de suas possibilidades expressivas, no sentido de traduzir ou comunicar seus movimentos emocionais, mas também, em alguma medida, de algo que poderíamos designar como *impessoal*. Nascemos em um tecido linguístico que nos antecede e extrapola os limites de nossa compreensão, transcende tempo e espaço, lança-nos em contato direto com o desconhecido. Arnaldo Chuster (2018) introduz a discussão de que o campo das trocas simbólicas é mediado por *símbolos heterônomos* e *símbolos autônomos*. Os primeiros incluem toda a gama de "símbolos adquiridos da cultura dentro da qual o sujeito habita" e na qual "encontra ferramentas comuns a todos: os conceitos". Por sua vez, "os símbolos autônomos são os criados pelo indivíduo ou o resultado do processamento psíquico que marca a subjetividade" (p. 55).

A apropriação daquilo que advém da cultura revela-se no fenômeno social que denominamos *língua materna*, nas malhas de significados linguísticos infinitos, nos signos e conceitos que organizam a dimensão impessoal da vida psíquica, visto que decorrem de sistemas que precedem a existência de cada indivíduo humano. Mas é nessa e por meio dessa malha que extraímos elementos para formular nossa linguagem pessoal, sempre de forma incompleta e precária. Frosh (2010) relaciona essa interface simbólica com o elemento impessoal a que aludi metaforicamente quando da apresentação da narrativa do menino das gruas:

> *Aquilo que é silenciado sustenta a fala, mas também é por ela excluído. É ainda a impessoalidade da fala que é importante aqui, pela qual se entende o modo como a linguagem funciona como um sistema que não está simplesmente à disposição dos falantes individuais, mas tem suas próprias regras, sua própria maneira de fazer as coisas. (p. 139)*

Somos produzidos pela palavra. Com a palavra precisamos nos articular, encontrar meios de expressão subjetivos (a dimensão dos símbolos autônomos, discutida por Chuster), mas para tanto precisamos recorrer a esse sistema com vida própria que independe e extrapola o desejo dos seres falantes. Frosh cita a poetisa inglesa Denise Riley para discutir esse núcleo impessoal que atravessa os sistemas linguísticos e cujas repercussões podem ser captadas na maneira como cada pessoa experimenta conexões e rupturas afetivas no contato com o outro. A exemplo disso, Riley (citada por Frosh, 2010) observa "como a mais profunda intimidade junta o supostamente linguístico ao supostamente psíquico" (p. 11). Ambas as dimensões são indissociáveis, porém operam a partir de conjuntos infinitos com sucessões de signos, ou "protossímbolos individuais que vão sofrendo transformações até emergirem no campo de trocas simbólicas" (Chuster, 2018, p. 35). Mais que um antagonismo entre a linguagem que deriva das formas impessoais e aquela que decorre da experiência viva do sujeito humano, Riley (citada por Frosh, 2010) propõe uma concepção de "palavras afetivas que nos habitam", isto é, que possamos apreciar o fato de que "a linguagem se insinua dentro das pessoas e impõe a impessoalidade no coração de cada sujeito humano" (p. 139).

O elemento impessoal se revela na obra de Leavitt pela imagem da criança movimentando os braços e emitindo grunhidos como uma metáfora para os conflitos internos vividos pelas personagens Philip e Jerene, aprisionadas em um sistema linguístico insuficiente para traduzir as correntes emocionais que os arrastam para cada vez mais longe de seus anseios por afeto. Philip havia aprendido a falar coisas que as pessoas falam quando querem dizer o que pensam, mas não o que sentem. E percebe, para sua desgraça, mas também para sua eventual libertação, que passou a vida inteira reproduzindo uma linguagem extraída de um seio familiar árido e sem vida, uma fala incapaz de estabelecer vínculos afetivos. A linguagem como meio de comunicação supõe o reconhecimento da presença de duas pessoas abertas ao encontro. O analisando que se expressa em linguagem de sobrevivência pode ser capaz de dar indícios de seu sofrimento sem que isso represente para si, do ponto de vista emocional, uma experiência de comunicação – de troca com alguém percebido como outro. Segundo Anne Reiner (2018),

> *uma vez que a linguagem capaz de preencher a lacuna entre duas pessoas com mentes únicas e independentes*

> *reflete a capacidade de desenvolvimento da individuação, o paciente que não possui essa capacidade não sabe que está falando com um indivíduo separado fora do eu. (p. 46)*

O ofício psicanalítico nos coloca em condição de nos depararmos com as fronteiras, os limites e suas simetrias eu/outro, dentro/fora, intra/intersubjetivo, inconsciente/consciente, finito/infinito, isto é, o trabalho na cesura, conforme propõe Bion (1989). A dimensão da impessoalidade atravessa os processos de expressão humana, dado que estamos inseridos em um sistema linguístico que opera não apenas por sons, mas por silêncios, por afirmações e murmúrios, por elementos verbais, pré-verbais e não verbais. Ainda que impessoal, é somente por meio da linguagem que podemos experimentar a potência do acontecimento humano em suas expressões mais singulares e criativas. A intuição analítica traz consigo a possibilidade de auxiliar o analisando a navegar pelas imprecisões da linguagem para encontrar em sua própria voz algo que lhe comunique a mais íntima experiência de ser.

A comunicação analítica nos limites da linguagem

Como humano que somos, também o analista precisa se valer das possibilidades e limites da linguagem para estabelecer com cada analisando um idioma próprio, que ao mesmo tempo seja o *meio de conexão afetiva* e o *indutor de novas conexões afetivas*. Entre sons, palavras e pausas, algo se insinua a despeito do que poderíamos designar como uma intencionalidade da consciência no sentido fenomenológico. As experiências pessoais do analista em contato com o universo das expressões estéticas proveem elementos que podem sensibilizar e facilitar a captação de imagens e movimentos afetivos que se imiscuem na linguagem falada do analisando. A proposta freudiana de associação livre visa a introduzir no espaço analítico um elemento de liberdade radical. De nosso ponto de vista, tudo aquilo que o analisando diz e faz e a forma como o diz e o faz são recebidos como precipitações do inconsciente – portanto, fundamentais para o trabalho da escuta e do pensamento onírico. Na condição de um diálogo ativo, o analista recorre predominantemente à linguagem verbal para se comunicar com o analisando, "mas sabemos também que esse ideal nunca é completamente atingido, pois o tom de voz do analista muda, ele se movimenta ou fala de maneira que pode comunicar ao paciente mais do que ele gostaria" (Malcolm, 1989, p. 110).

As inflexões, as modulações, a respiração, o barulho de objetos manuseados durante a sessão (como um lápis ou um copo), os goles d'água tomados para arrefecer ou fluidificar os pensamentos, os sons emitidos pelo corpo do analista, enfim, podem ser escutados pelo analisando como ruídos persecutórios ou provas flagrantes de elementos da verdade emocional que ainda não alcançou o estatuto representacional de palavra enunciada. Em todos os casos, esses elementos extraverbais se inscrevem na partitura da música que está sendo composta pela dupla analítica, alternando entre a harmonia e a cacofonia para dar contorno à experiência emocional vivida na sessão.

Em um trabalho recentemente publicado, Thomas Ogden (2018) discute a maneira como ele conversa com seus pacientes, pondo em pauta também os limites da linguagem e a função dos mal-entendidos como o elemento que, de um lado, desorganiza e, de outro, favorece o contato com a verdade emocional do analisando. Ele parte da constatação de que, "em todos os momentos de seu trabalho juntos", analista e analisando "esbarram no fato de que o imediatismo de suas experiências vividas é incomunicável" (p. 400). Aquilo que se experimenta nos limites da linguagem marca, portanto, uma hesitação inevitável: estamos ambos diante um do outro para desenvolver uma conversa a partir de elementos que de antemão são incomunicáveis. Ogden cita William James para descrever a paradoxal experiência de isolamento e abertura que caracteriza o contato entre duas mentes humanas:

> *Cada uma dessas mentes guarda seus próprios pensamentos para si mesma. Não há concessão ou intercâmbio entre elas. Nenhum pensamento sequer chega à presença direta de um pensamento em outra consciência pessoal que não a sua. Isolamento absoluto, pluralismo irredutível é a lei... . As lacunas entre tais pensamentos [de duas pessoas] são as fendas mais absolutas da natureza. (James citado por Ogden, 2018, p. 400)*

Penso nessas fendas como um equivalente daquilo que assinala os limites da linguagem como meio de comunicação entre as pessoas. A distância que marca a separação entre analista e analisando é a premissa fundamental para que haja o encontro e o reconhecimento do outro em sua expressão mais radical. A separação, a distância entre a experiência vivida por cada pessoa na dupla analítica, não representa algo a ser superado, mas a própria condição para que desse encontro nasça a experiência de contato genuína. Penso nessa fenda como o espaço em que se pode acolher a experiência criativa por meio da construção de uma linguagem comum à dupla analítica, de tal forma que analista e analisando "sejam capazes de comunicar *alguma coisa parecida* com nossas experiências vividas através da re(a)presentação da experiência" (Ogden, 2018, p. 400).

O que pode sustentar uma parceria criativa na sala de análise, considerando-se que estamos sempre nos limites da linguagem, nos limites da experiência emocional e nos limites da interpretação – essa curiosa tradução que opera na voz do analista e que vive ameaçada de causar perturbações cujos efeitos por vezes demoram a ser captados? Dito de outra forma, aquilo que o analisando nos apresenta em linguagem de sobrevivência tem sua razão de ser. Os *mal-entendidos*, os *sub-entendidos* e os *não-entendidos* revelam no diálogo analítico os vestígios de experiências que levaram uma pessoa a organizar por reflexo, instinto ou reprodução aquela linguagem que lhe é peculiar. Como no caso do menino das gruas, são as idiossincrasias e os sons imitativos que serviram um dia de ponto de apoio para dar contorno a uma experiência sem nome. Como as bolas de demolição que ganhavam impulso ao serem movimentadas pelas gruas para investir ferozmente contra os edifícios a serem destruídos, também a linguagem de sobrevivência do analisando abriga em sua estrutura uma força bruta que persiste a qualquer ameaça de desmonte. O núcleo que deve ser protegido é protegido a todo custo. É tanto o que impulsiona quanto o que refreia a possibilidade de contato com a verdade.

Ogden (2018) descreve algo semelhante ao afirmar que "'a indisposição' ou 'a incapacidade' de fazer o trabalho analítico quase sempre reflete o equivalente transferencial/contratransferencial do método desenvolvido na infância para proteger sua sanidade e sua própria vida, método que vejo com reverência e até admiração" (p. 402). O respeito à linguagem de sobrevivência do analisando é, a meu ver, a condição mais fundamental para que sejam mobilizados os recursos necessários para escutar, por meio das idiossincrasias e maneirismos, *os sons originais e a vivência emocional mais bruta e verdadeira* daquilo que o analisando expressa na forma das palavras que consegue pronunciar. Nos limites da linguagem, o analisando experimenta a dor que muitas vezes não pode ser vivida, que se expressa em terminologias imitativas em busca de uma escuta que reconheça nessas limitações "as forças subjacentes que levaram o paciente a buscar ajuda na análise" (Ogden, 2018, p. 402).

Nos limites da árida e por vezes desértica linguagem de sobrevivência do analisando, a fala do analista tem a função de reconectar fragmentos de sons originais, restituir-lhe pouco a pouco o orvalho emocional que poderá eventualmente evoluir para uma experiência de contato verdadeiro. As falas do analista designam sua escolha em lançar luz sobre determinado fragmento do encontro analítico em detrimento de outros, revelando, portanto, nossa condição de interlocutores nada isentos. Pérsio Nogueira (1993), ao discutir o problema da comunicação no trabalho psicanalítico com adultos, adverte que

> *as interpretações revelam uma intencionalidade do analista... . Qual seja ela, não importa, no momento, para nosso problema. O significativo é que ela está presente, e pela sua presença dará significado e direção a todo o processo comunicativo que se estabelece. Por assim dizer, abrirá alguns canais de comunicação e simultaneamente fechará outros; remeterá as palavras e leituras a dado contexto e afastará de outros. (p. 134)*

A advertência enunciada por Pérsio Nogueira vai no sentido de explicitar a complexidade da situação analítica, dado que, no cruzamento das enxurradas transferenciais que atravessam e precisam ser acolhidas com a chegada do analisando, o analista é primordialmente colocado no lugar das figuras de autoridade que levaram o analisando a engendrar sua linguagem de sobrevivência. Ou seja, temos o desafio de desconstruir e reconstruir o tecido linguístico que envolve o analisando, tomando o cuidado de primeiro aprender os signos, os sintagmas, o léxico e a gramática característicos de sua língua estrangeira singular. O exercício da dúvida sistemática diante da fala do analisando pode auxiliar o analista em seu laborioso ofício de recuperação dos sentidos de cada linguagem de sobrevivência que lhe é apresentada a cada sessão de análise. Evocando mais uma vez as palavras sinceras de Pérsio Nogueira (1993), possivelmente inspiradas em Bion:

> *O importante é fixar-nos no fato de que o universo emocional onde está inserida a palavra e o discurso podem contribuir para uma alteração marcante em seu significado e ser reveladores das mais diversas ansiedades. Isso nos deve levar a um extremo cuidado pelas consequências que se estabelecem para o lado da comunicação; ou seja, devemos ser cautelosos em acreditar que quando conversamos com alguém na mesma língua estamos falando das mesmas coisas. (p. 144)*

A dúvida como método de indagação dos sentidos produzidos pelas palavras do analisando pode aos poucos explicitar a experiência emocional a que tais formações linguísticas se referem, cuidando para preservar os radicais que conferem ao analisando seu senso de individualidade. Quando a fala do analista pende para tonalidades de afirmações certeiras, corre-se o risco de retirar do analisando a possibilidade de caminhar em direção ao encontro com sua verdade emocional:

> *Existe o perigo de enquadrar o paciente em um conjunto de interpretações. A capacidade de não saber é uma realização, e a função de não saber precisa desempenhar um papel explícito nas interpretações, transmitindo um elemento da sensibilidade analítica. Esse*

> *aspecto da técnica, descrito em termos da dialética da diferença, mitiga o perigo de a interpretação interferir na associação livre. (Nettleton, 2018, p. 139)*

A dialética da diferença mencionada por Sarah Nettleton refere-se à proposta de Christopher Bollas de que *a função de não saber* também precisa alcançar representação psíquica na experiência com o analisando. Quando a dupla se apega apaixonadamente a um ponto de vista, ainda que este tenha sido a resultante de uma experiência emocional captada e reconhecida por ambos em determinado momento, enfatiza-se o *corolário* em detrimento do laborioso *processo* que possibilitou sua realização. Nesse sentido, Bollas propõe que se dê atenção e se enuncie ao analisando todo o espectro de fenômenos experimentados no campo analítico como recurso para dar representação àquilo que constitui a linguagem viva em pleno ato de ser concebida na sessão de análise. As concordâncias e discordâncias entre analista e analisando revelam os movimentos imprecisos engendrados pela fala, estabelecem um espaço de liberdade de expressão em que a dúvida tem a função de desvincular aquilo que a interpretação vincula. Nessa melodia singular entoada pela dupla, as tensões das certezas rígidas cedem lugar às palavras errantes. A livre associação, "que se situa em algum lugar entre o saber e o não saber" (Bollas, 1992, p. 84), poderá ganhar voz e abrir espaço para que a palavra seja experimentada em sua potência viva mais genuína, isto é, como linguagem de criação:

> *Como as palavras são usadas para expressar o que se passa na mente de uma pessoa, é possível considerá-las como uma forma de saber e como um procedimento vinculador. Mas quando alguém se propõe a dizer o que quer que lhe venha à cabeça, indiferente a quanto isso possa parecer bobo ou sem sentido, essa atitude evoca*

> *um princípio diferente: o do não saber e do desvincular. Talvez o pensamento influenciado, a reflexão profunda, o desreprimir de uma memória surjam de um estado de tensão mais favorável entre o processo de vincular e desvincular. (Bollas, 1992, p. 84)*

Em linhas paralelas, Ogden (2018) nota que as falas que procuram descrever aquilo que se observa na sessão podem ajudar o analisando a ter sua atenção despertada para elementos desprovidos de significados predefinidos, elementos vazados que poderão ser ocupados com expressões da experiência própria do analisando naquele instante, no imediato da experiência vivida. Como no caso do menino das gruas, penso que a linguagem de sobrevivência desenvolvida pelo analisando serve à função de uma segunda pele (Bick, 1968) que fornece algum nível de proteção contra o abissal do contato direto com as emoções. Ogden ressalta que as falas do analista que apontam para uma decifração da experiência do analisando convocam "a atividade mental passiva do entendimento", o que pode facilmente tornar a possibilidade de encontro um jogo monótono, que leva a ainda mais retração.

À guisa de inconclusão

A experiência de reconhecimento da singularidade como fator fundamental para o encontro vivo entre duas pessoas implica a capacidade de lidar com as diferenças e as semelhanças, com a aproximação e o distanciamento, cuidando para que os contornos psíquicos sejam preservados e não ameaçados por esse contato. Slavoj Žižek (2006) destaca a função do "não conhecer" como essencial para que a experiência intersubjetiva de reconhecimento se realize:

> *Se eu tivesse a pretensão de "realmente conhecer" a mente do meu interlocutor, a intersubjetividade propriamente dita desapareceria; ele perderia seu status subjetivo e se transformaria – para mim – em uma máquina transparente. Em outras palavras, não ser conhecível aos outros é uma característica crucial da subjetividade, do que queremos dizer quando atribuímos aos nossos interlocutores uma "mente": você "realmente tem uma mente" apenas na medida em que esta é opaca para mim. (p. 178)*

Na experiência psicanalítica, o não ser conhecível se entrelaça com a emergência da necessidade de ser reconhecido, de viver experiências que ajudem uma pessoa a se deslocar de uma linguagem com componentes frios e metálicos de sobrevivência para uma linguagem possível de reconhecimento e encontro com o outro. Ogden (2018) intui que a maneira como falamos reproduz simultaneamente "o desejo de ser entendido [*to be understood*] e de ser desentendido [*to be misunderstood*]" (p. 412) o que se reflete também na maneira como escutamos as outras pessoas. Há algo essencial por trás da linguagem de sobrevivência que precisa ser preservado a todo custo, ainda que o sentimento de isolamento necessário seja, em alguns momentos, o motor do sintoma que conduz uma pessoa à busca da análise.

A aventura de aprender a linguagem de sobrevivência de cada analisando coloca-nos diante do mistério de seus sons primordiais, das experiências infantis, de encontros e desencontros, do desassossego em que foram erigidas suas formas de expressão. Em certas ocasiões, podemos intuir alguma sensibilidade protegida sob as formulações esdrúxulas, os cacoetes verbais empregados por uma pessoa que se dirige ao analista em busca de algo que ela chama de análise, ou terapia, ou mesmo *coaching*, aconselhamento, conversa, bate-papo, consulta ou qualquer outra designação disponível em seu léxico pessoal. Em outras ocasiões, salta aos olhos (e aos ouvidos) o temor com que um pedido se esboça nas palavras escolhidas. Em qualquer que seja o caso, em quaisquer que sejam as formas e os alcances expressivos da linguagem possível do analisando, temos sempre o incomensurável desafio de buscar estabelecer com ele uma linguagem capaz de forjar uma troca genuína entre dois seres humanos. Não raro escutamos de nossos analisandos a constatação de que a linguagem que usamos na sessão psicanalítica é de natureza diversa, não obstante as palavras e a língua utilizada serem velhas conhecidas. É nos interstícios da linguagem comum, nas microscópicas fendas que simultaneamente unem e separam as palavras e as organizações verbais, que se capta o elemento essencialmente vivo da experiência emocional, aquilo que jaz protegido por trás da ampla murada erigida para conter a violência das emoções e o ímpeto das paixões.

Se nos pusermos a escutar por entre as frases mecânicas, por meio das construções brutas e por trás dos silêncios que brotam dos ruídos metálicos que movimentam as gruas da linguagem de sobrevivência, poderemos encontrar a matéria viva que mobiliza uma pessoa a buscar – da forma como pode – a ajuda possível da análise. A potência criadora das palavras perdidas revela-se nos vacilos da linguagem, na possibilidade de desentender as certezas, desvincular as narrativas e desencapsular os sentidos aprisionados.

Finalizando com uma providencial citação da historiadora Arlette Farge (2009), ao discutir as relações do historiador com o jogo de aproximações, oposições, encontros acidentais e sentidos singulares despertados pelas falas que se extraem do trabalho vivo com os arquivos históricos, deixo aberta a palavra para buscar, em breve, novas realizações:

> *No murmúrio de milhares de palavras e frases, poderia ocorrer de se buscar apenas o extraordinário ou o resolutamente significativo. Isso, sem dúvida, seria um erro: o aparentemente insignificante, o detalhe sem importância traem o indizível e sugerem muitas formas de inteligência viva e de entendimentos refletidos que se misturam a sonhos frustrados e a desejos adormecidos. As palavras traçam figuras íntimas e expõem as mil e uma formas da comunicação de cada um com o mundo. (p. 89)*

Referências

Bakhtin, M. (2011). *Estética da criação verbal* (6a ed., P. Bezerra, trad.). São Paulo: WMF Martins Fontes.

Bick, E. (1968). The experience of skin in early object relations. *The International Journal of Psychoanalysis*, *49*, 484-486.

Bion, W. R. (1989). *Two papers: the grid and Caesura*. London: Karnac Books.

Bollas, C. (1992). *Forças do destino: psicanálise e idioma humano* (R. M. Bergallo, trad.). Rio de Janeiro: Imago.

Chuster, A. (2018). *Simetria e objeto psicanalítico: desafiando paradigmas com W. R. Bion*. Rio de Janeiro: Trio Studio.

Farge, A. (2009). *O sabor do arquivo* (F. Murad, trad.). São Paulo: Edusp.

Frosh, S. (2010). *Psychoanalysis outside the clinic: interventions in psychosocial studies*. London: Palgrave MacMillan.

Leavitt, D. (1986). *The lost language of cranes*. New York: Bloomsbury.

Malcolm, R. R. (1989). Interpretação: o passado no presente. In E. M. R. Barros (Org.), *Melanie Klein: evoluções* (pp. 101-124). São Paulo: Escuta.

Nettleton, S. (2018). *A metapsicologia de Christopher Bollas: uma introdução* (L. Júnior, trad.). São Paulo: Escuta.

Nogueira, P. O. (1993). *Uma trajetória analítica*. Goiânia: Dimensão.

Ogden, T. H. (2018). How I talk with my patients. *The Psychoanalytic Quarterly*, *87*(3), 399-413.

Reiner, A. (2018). *Bion and being*. Abingdon: Routledge.

Žižek, S. (2006). *The parallax view*. Cambridge: MIT.

10. Entre Agonia e Desamparo

Rahel Boraks

O ser humano é constantemente afetado pelo arranjo que é capaz de imprimir aos elementos internos que o constituem e continuamente desafiado pelas transformações que ocorrem no mundo.

Atualmente, nos deparamos com a insólita questão da indistinção entre o que é animado e o que é inanimado, entre o vivo e o que é somente tela e o quanto esta diferença deixa de ser significativa. Assim, corremos o risco de se uniformizarem subjetividades, se dissiparem singularidades e de se congelar a expansão de forças em devir. Há algum tempo e agora com a pandemia com maior nitidez, nos deparamos com sujeitos em permanente chegada e constante trânsito entre um self anônimo encobridor e a verdade do buraco de si, acentuado agora pela mudança e ou falta dos apoios diários, aos quais recorriam como forma de encobrir vazios ou lidar com angústias diárias.

Uma expressão, paradoxal e ao mesmo tempo precisa, de Winnicott propõe que estar só implica a presença de alguém. Propõe que a presença acolhedora do outro permite que o indivíduo possa chegar a reconhecer os eventuais contextos faltosos e/ou solitários, sem precisar negá-los de modo onipotente. Dito de outro modo, para chegar ao mundo, o ser humano precisa estar firmemente ancorado em contextos acolhedores. Esta base acolhedora ameniza o que seria uma chegada repentina a um exterior que invade, impondo necessidade de rápida adaptação de si. No lugar da subjetivação, surge um estado de perplexidade que acompanha um percurso que jamais sinto que é meu. Esta estranheza tem sido um elemento frequente na clínica atual em função da rapidez exigida na adaptação a um novo mundo.

O desdobramento da irrupção enigmática do sujeito vazio se ancora no mundo mimeticamente e encobre agudos estados de agonia. Nesta realidade, com a qual somos confrontados, com contínuos desencontros, a temporalidade se estende, atravessando e desconsiderando ritmos naturais da vida (atualmente é possível observar a valorização da rapidez, como se esta condição fosse sinônimo de algo bem-feito) privando o sujeito de elementos fundamentais que organizem um interior, base do mundo pessoal.

Não há tempo para a elaboração das perdas, nem espaço para os desinvestimentos. Tudo é trânsito veloz. As necessárias passagens internas e externas se dão por saltos que ignoram profundas fendas que impossibilitam a apropriação em sentido pessoal e exigem uma potência/maturidade ainda naturalmente alcançada.

Penso ser interessante destacar a insistência de Winnicott no fato de a mãe não intervir apenas para modular ou satisfazer a imperiosa exigência da pulsão, mas para auxiliar o surgimento da fantasia que reforça um nascer para dentro. O adentramento no mundo e a apropriação deste de modo pessoal, tem a ver com a participação em relações de intimidade e de proximidade que protegem o indivíduo do que poderia ser uma situação de grande sofrimento em torno de agonias impensáveis.

Neste sentido, quero propor um fato que tenho observado na experiência clínica com certa frequência. Refiro-me à presença de estados de agonia, que em muitos aspectos diferem dos estados de desamparo. Tenho observado que o desamparo é um estado que se refere à conquista do intersubjetivo e é da relação *com* que ele surge. A agonia está ligada e surge do Co subjetivo, momento no qual prevalece a necessidade de estar *em*, sendo a agonia referente à ausência deste elemento fundamental. Este aliado primário que ainda não é um objeto tem a ver com um ente vivo, real, que não chega, de fato, a ser presença.

Se considerarmos a palavra desamparo, podemos ver que esta pressupõe dois seres: o amparado e o que ampara. Em estados primitivos este amparo não é sentido como tal, e sim, experenciado como segurança, tranquilidade e bem-estar. Embriões do desamparo inicialmente enraizados na corporeidade necessitam de sustentação para alcançar figuração psíquica. Estes embriões se degeneram quando o sujeito chega demasiadamente exposto ao exterior, transformando-se em agonia e enlouquecimento. Winnicott enfatiza o início do ser humano como dependente da harmonia com outro corpo de quem inicialmente é parte. O desenvolvimento emocional pressupõe o afastamento gradativo da codependência para a interdependência, e isto ocorre ao mesmo tempo em que se dá o afastamento da inclinação inerente à criança, de autossuficiência, da sua convicção de que pode se bastar para sua satisfação e da ideia de que tudo que necessita provém de si mesma.

A continuidade do *sendo*, é condição *sine qua non* para o desenvolvimento do sentimento de si e que um fracasso do ambiente em garantir os meios para que se estruture um padrão pessoal de ser do qual o sujeito se aposse, pode resultar em proliferação de seres capazes de complexidade técnica, mas, para os quais, a possibilidade de estabelecer relações afetivas/emocionais sempre coloca em risco suas esferas protetoras que são o rastro das falhas graves nestas primeiras vivências *em*.

Perdas precoces das relações primeiras dificultam a aquisição da existência de si e do outro e psicanalistas têm sido enfáticos em descrever o quanto relações objetais defeituosas ou traumatogênicas favorecem clivagem (Roussillon, 2014), e passam a ser atuadas ou repetidas, como forma de busca do que permaneceu ausente de si. Quando nos deparamos com estes aspectos petrificados que estão fora da mente e fora do psiquismo, a dimensão do *entre* não existe.

O desamparo que implica algo *entre* já não está ao alcance do indivíduo. É a agonia que prevalece. O que se apresenta é um indivíduo para quem a efração traumática se dá à custa do empobrecimento da vida psíquica, apresentando um quadro clínico que, muitas vezes, se aproxima da compulsão à repetição, do vazio e da necessidade de constantemente destruir o sonho de um lugar no mundo, para que na ruptura possa ganhar alguma notícia confiável de si.

A adaptação materna às necessidades do bebê e o cuidado na apresentação do mundo são a chave para conseguir sentir e estar livre participando da realidade. O início não é algo que acontece entre sujeito e objeto, é algo que nasce de uma intimidade que cria um espaço sustentado, que impedirá que a criança se depare com a agonia de estar sendo jogada numa exterioridade radical e ter que enfrentar uma solidão não visitada. A perda ou inexistência desta função acolhedora primária não terá como resultado vivencia de desamparo, mas um estado agônico de contínuo e permanente aniquilamento das possibilidades de constituição de si ou uma falsificação geralmente estabelecida a partir da mente, na qual o sujeito passa a viver aprisionado.

Se o aliado primário for desatento ocorrendo desconsideração pela singularidade, pela abertura e pelos limites daquele corpo, a subjetivação e o sentimento de ser real estarão inibidos. Em função da agonia que se impõe e atravessa toda a vida, o descuido deste ser complementar é mais significativo que a morte de si. Assim, é possível considerar que a morte que se afigura nos estados de agonia é uma tentativa de escapar, um refúgio do rastro do descuido e desatenção deste deus individual, pelo qual o indivíduo se sente jamais encontrado. Ameaçada a sobrevivência, o refúgio é promessa de preservação sequestrando potencialidades que ficam clivadas.

A pessoa que tem a função de cuidar do frágil deve ter condições de se colocar em estado de "doação", em estado de presença não confrontativa, de modo a dar tempo e sustentação para que se organize a passagem do *em* para *com*.

Além disso, o percurso do exterior para o interior animado é uma passagem que depende do rastro do aliado íntimo, em estado de coabitação, no qual é preciso mergulhar, canibalizar, incorporar e se fazer ser. Esta passagem que caminha para estabelecimento da relação sujeito/objeto, compreende momentos de desamparo uma vez que implica o início do alcance da expansão do espaço exterior e interior, colocando o sujeito diante de questões mais complexas, internas e externas, e vivências de estado de unidade de si.

Este cuidado é o que torna possível a migração para espaços cada vez maiores, mais complexos, sem que a separação seja pura perda, nem o efeito de ruptura forçada ou clivagem decepante.

Esta separação retém os benefícios ligados à capacidade de ter esperança. É desta forma que o desamparo pode ser aceito como condição de humanidade, envolvendo condição ontológica de SER. F. diz:

> *O meu marido é muito distante. Chego em casa depois de um dia inteiro de trabalho e ele nem me pergunta como foi meu dia. Já está de cara fechada porque sabe que passei na casa dos meus pais para deixar as compras de supermercado para eles. Nem entrei; entreguei no portão e vim para casa. Chego, nem um abraço, nem uma pergunta... se estou com fome se preciso de algo. Não custava nada me perguntar se meus pais estavam bem, se eu estou precisando de algo. Quando telefono ao longo do dia em casa, nem uma resposta. Mando recado e nada. Não custaria nada a recepção com um abraço. Eu me sinto muito sozinha, muito só.*

M. fala do seu desamparo, de sua solidão, mas também do reconhecimento da necessidade do outro. Da falta que experimenta e do afeto que acompanha seu sofrimento.

Paciente X., um homem de 48 anos, solteiro, com formação religiosa, me diz:

> *Comprei um apartamento muito bonito e grande. Nele cabiam todos meus livros e pensei: agora já posso ficar aqui para sempre. Não vou precisar mudar mais. Mas quando me ouvi dizendo isto, pensei e me arrepiei. Eu jamais seria um Beneditino para quem a permanência e a constância são um valor. Detesto a permanência. Quero tudo mudando o tempo todo. Relações, pessoas também, tudo. Parece que enjoo de tudo. Vendi logo o apartamento. Doei meus livros, comprei outro apartamento, que agora vou vender, e vou me mudar de novo.*

A pressa, o movimento rápido, sem nenhum tempo para criação de um mundo interno, o levava a me perguntar várias vezes:

X: — *Eu não sei o que sinto. Me diga: eu gosto de alguém? Eu não sei se gosto. Acho que não preciso de nada. Só de uma relação por dia e pode ser qualquer um que goste de mim.*

R: — *Você quer saber se eu gosto de você!*

X: — *Não, não, só preciso que você me receba aqui. Saber que posso vir e sair a hora que eu quiser.*

Sua compulsão em comprar e vender apartamentos e sua pressa apontavam para a busca de algum acolhimento que não conseguia encontrar. Os objetos assim como suas relações eram apenas sombras ou aparências de coisas.

Veio me procurar bastante ansioso e sofrido com sérias dúvidas sobre ele mesmo. Não confiava em si, nem no outro, que ele praticamente nem percebia. Me perguntava com certa insistência:

X: — *Você acha que eu gosto? Do que eu gosto? Não sei. Se gosto, me sinto preso, mas preciso ter relações diariamente ... Às vezes ando meio perdido por aí sem saber nem para onde estou indo. Me perco de mim e às vezes, nem reconheço a rua na qual estou.*

R: — *Você estava vindo para cá?*

X: — *Não, não sei na verdade para onde ia. Só andando.*

Aprisionado em estado de agonia, com enorme urgência de alcançar algo que o tirasse do nada, do vazio aprisionante, circulava prisioneiro em um espaço sem nenhuma possibilidade de vislumbrar um caminho. A substituição rápida e o descartável autorizavam a rapidez como um bem a ser alcançado. Prevalecia a organização interna articulada contra qualquer mobilização de sentimentos, ao mesmo tempo que mantinha congelada e continuamente presente a tentativa de encontrar um outro que não o falsificasse.

Organizado para sobreviver ao constante encontro com o estranho, o self se altera e modifica aquilo que deveria ser um importante ganho da infância, ou seja, poder participar de pequenos duetos de alta complementariedade.

Para alguns sujeitos, aqueles aos quais faltou o casulo íntimo, esta complementariedade nunca existiu ou deixou de existir restando ao sujeito se aferrar a si mesmo de modo vigilante, porque não tem um aliado interno, no qual e do qual é possível se prolongar. A vigilância necessária desconecta o indivíduo dos embriões do desamparo tornando presente um vazio que o atira em estados de agonia, em estranhamento que o acompanha ao longo da vida, no qual está aniquilada a vinda a si e ao mundo e a algum sentido. Ele não adentra o mundo, é este que desaba sobre ele.

A agonia presentifica de forma desorganizada e difusa o susto, a perplexidade, o espanto e o corpo oco que se ancora no mundo mimeticamente, para encobrir o buraco do self. Esta desorganização se dá em torno de efeitos extremamente tóxicos, para garantir a sobrevivência e o funcionamento em circunstâncias muito reduzidas de vida.

Estas questões relativas à agonia se colocam no trabalho clínico como o desafio que nos convida a localizar em nossa própria experiência aquilo que nos é proposto pela contratransferência. Sinto muitas vezes, e agora na pandemia com maior intensidade, a convocação de oferecer formas que possam exprimir o modo de ser das primeiras manifestações com as quais a criança tem que lidar. É preciso sobreviver neste lugar. É um desafio e uma inquietação para todos nós investigar o que representa esta guinada de perspectiva que é a ausência inicial de qualquer objeto de confrontação, de um alguém na sua frente e o quanto estes estados de agonia, não mais vistos como desamparo, afetam os sujeitos, suas relações e nossa clínica nos dias atuais.

Recorro a Roussillon para lembrar que, por essência, o que se manifesta na transferência destes pacientes da agonia concerne a uma zona traumática primária que tem a ver com a busca destas intimidades sensoriais, o que não permite que se utilize a identificação projetiva que coloca o outro em um campo no qual ele ainda não pode ser. Colocado neste campo, o que lhe é oferecido não passa de uma sombra que fala de um *lá* quando a questão é o *aqui*, tendendo a conduzir o sujeito ao estreitamento de si. Dito de outra forma: se coloca uma separação que ainda não pode ser tolerada e a vivência de estar só impede qualquer elaboração. Cabe ao analista elaborar e integrar aquilo que de sua experiência foi mobilizado, e a partir de sua elaboração privada, oferecer algo que se aproxime da bi-unidade sendo parceiro íntimo e profundamente imbricado.

Aprofundando um pouco mais a questão do estreitamento, vemos que perdida a liberdade e perdida a satisfação das necessidades, se presentifica um circuito aprisionante, no qual o sujeito já começou a perder algo de sua humanidade, ocupado que está em lidar com a agonia. Perde a esperança e a capacidade de crer, e para sobreviver a esta perda tão essencial, se instala um estado de errância infinita.

Sentindo-se invadidos pela ausência presente, tendem a rejeitar o que é oferecido e/ou se afastar, passando a experimentar abandono. Caminham distantes e perdidos em relação ao que vivem e não experimentam. No entanto, seu estado desumanizado, que serve de esconderijo, também conta a história do que não foi possível abrigar. Traz consigo a marca do destino particular e das trocas que não aconteceram.

Os estados da agonia desconhecem o encontro e, frequentemente, não tendo no que se sustentar, usam a musculatura física e psíquica que desenvolvem como último recurso.

Trata-se a partir daí de contínua ameaça que percorre a vida de forma silenciosa e carrega questões que nos ensinam muito sobre sofrimento primário e que tem em comum com o homem não vivo a ausência de pontos de referência e a falta de identificações subjetivas. Está presente o mal-estar decorrente da instabilidade identitária e da sensação precária de estar se equilibrando numa corda bamba eletrificada, usando os termos de Eigen.

O mundo intrusivo, como é vivido na agonia, força cisões e impõe muito sofrimento. Há um absoluto abolir de si e do outro. Nem o indivíduo é, nem o outro é. O afeto é abolido, não por perda, mas por congelamento para que não seja experimentado.

O exílio de si coloca o sujeito distante de si mesmo e tomado por profunda indiferença. Diante do exílio, é importante apreender o resultado de dolorosos fenômenos metabólico internos.

X. me diz: — *Estou péssimo. Estou trabalhando, mas apavorado. Tenho certeza que vou pegar Covid. Estou sendo convocado a voltar ao trabalho, mas não consigo de jeito nenhum pensar nisso. Então, sei que vão me demitir. Não ligo. Sinto que preciso ouvir sua voz. Me alivia. Não consigo saber o que está se passando comigo. Racionalmente sei de tudo, mas não consigo me acalmar. Minha esposa sai e faz todas as compras e me disse para eu ficar calmo, mas não adianta, eu não me acalmo tenho vontade de ficar no quarto debaixo do cobertor. Me perdi de mim mesmo. Estou a ponto de pedir demissão porque não tenho mais condições de trabalhar. Não consigo dar conta de nada. Tenho a sensação que tudo de mim está escorrendo.*

R: — *Você me diz que minha voz te acalma. É o que não deixa escorrer. Você me diz desta forma é que estamos de fato juntos.*

X: — *Sim, é isso mesmo. Mas porque quando minha esposa fala eu não sinto isso?*

R: — *Talvez por se sentir neste momento muito mais próximo de mim do que dela. É como se estivéssemos em um casulo juntos ouvindo o mesmo som.*

A invasão de uma turbulência emocional composta de sensações que não se articulam está presente na agonia. A ausência de si, funciona como uma contínua intrusão fragmentadora, da qual precisa se livrar. Sendo marca degenerada de um gesto que jamais foi encontrado, precisa ser visto pelo analista como protonarração das experiências primitivas. Aquelas que não puderam ser integradas na vida pessoal.

A questão que se coloca a partir destas considerações, diz respeito ao lugar do terapeuta. É difícil saber que função ocupamos nessa interação. Difícil afirmar que a transferência se instala, pelo menos, não nos moldes tradicionais. Paradoxalmente, o ser que está ali funciona, mas, de fato, não existe.

Faz-se muitas vezes necessário, e outras fundamental, como diz Roussillon, um manejo paulatino e cuidadoso, próximo do jogo de esconde-esconde, que permite lentas aproximações, acolhe ausências necessárias e convive com presenças ocasionais.

No interjogo esperança/onipotência ou analista/analisando, precariedade/presença, a esperança sustenta a experiência de ilusão tão necessária para que se encontre a realidade.

Estas facetas que, por vezes, se apresentam de modo sutil nos interrogam sobre nosso fazer psicanalítico. Agora na pandemia com o trabalho remoto, e o recrudescimento de procura em estados de desamparo e agonia, surge a necessidade de um trabalho que exige uma espécie de "sabedoria espontânea", na qual seja possível aguardar para que possa surgir um espaço. Um espaço para um processo. É preciso estar atento para que a experiência que por vezes já foi longamente vivida não nos mantenha ossificados. Esta precaução é necessária quando existe uma zona de grande tensão como atualmente vivemos e que pode levar a uma rápida interrupção. O manejo deve assegurar uma função de ligação primária e precisa ser ofertado como suplemento à falha da capacidade de síntese do self, oferecendo um sentido aos pequenos deslocamentos que se possa observar.

O simples colocar em palavras não é suficiente. É fundamental colocar as palavras em jogo para que possam produzir algum movimento e presença.

Se temos como indicador do tratamento fazer emergir um ser humanizado e sintônico com a sua verdade, isto só vai ocorrer criado no entre da relação.

Referências

Bolla, C. (2013). Broken selves. In *Catch them before they fall: the psychoanalysis of breakdown*. London/New York: Routledge.

Eigen, M. (1993). Omniscience. In *The electrified tightrope*. London: Jason Aronson.

Phillips, A. (2013). Encenando a loucura. In *O que você é e o que você quer Ser*. São Paulo: Benvirá.

Roussillon, R. (2001). Comentários. In L. C. Figueiredo, B. B. Savietto, & O. Souza (Orgs.), *Elasticidade e limite na clínica contemporânea*. São Paulo: Escuta.

Roussillon, R. (2014). O trauma narcísico-identitário e sua Transferência. *Revista Brasileira de Psicanálise*, *48*(3), 187-205.

Winnicott, W. D. (1971/1975a). Clinical varieties of transference In *The maturational process and the facilitating environment*. London: Karnac Books.

Winnicott, W. D. (1975b). O brincar: a atividade em busca do Eu. In *O brincar e a realidade*. Rio de Janeiro: Imago.

Winnicott, W. D. (1971/1975c). Sonhar, fantasiar e viver: uma história clínica que descreve uma dissociação primária. In *O brincar e a realidade*. Rio de Janeiro: Imago.

11. Fronteiras do Des-amparo: aprofundando a teoria sobre o prazer no pensar-prazer criativo

Walkiria Nunez Paulo dos Santos

Inicio este artigo com o vivo depoimento de Bion, que ele fez na época dos Seminários na Clínica Tavistock, nos mostrando sua capacidade de sair do lugar comum, do politicamente esperado, dos jargões psicanalíticos, mas enfatizando seu interesse pela pessoa do paciente, e principalmente, valorizando um espaço mental repleto de possibilidades, o *vir a se tornar*. Em suas vivas palavras:

> *Por exemplo, você pode ouvir algo assim: "Você vai vir e cuidar dessas pessoas nesta ala particular do hospital – eles são pacientes de câncer". Câncer terminal: basta você parar para pensar sobre isso para perceber o quão ridícula esta denominação é. Como é que eles sabem que é terminal? Terminal de quê? O que é o ponto final? E, em todo caso, com o que é que estamos preocupados? Nós não estamos realmente preocupados com o funeral ou algo dessa natureza. O que nos interessa realmente são as pessoas vivas e também se há algum trabalho a ser feito para tornar a vida das pessoas de*

uma determinada ala suportável para o tempo que elas têm de viver; então, isto é algo a ser feito! Isso não tem nada a ver com "câncer terminal", ou "qualquer coisa terminal" tem a ver com fazer algo com a vida que ainda está por vir com o que ainda resta, o crédito que ainda está "no banco", por assim dizer, remanescente e disponível e encontrar um método pelo qual os pacientes tenham a oportunidade a chance, de ficar naquele comprimento de onda em que você pode se preocupar com o que pode ser feito e não se preocupar em demasia com o que você não pode fazer.

Às vezes eu acho que é quase uma neurose ocupacional dos analistas porque gasta-se tanto e tanto tempo no descobrimento dos erros cometidos – nossas falhas, pecados, crimes e assim por diante – que acabamos nos esquecendo de que isto se trata de uma parte muito insignificante do todo da história. Sem dúvida nós queremos saber no que agimos mau é muito útil saber sobre isso, mas a coisa realmente importante a saber é no que acertamos, no que somos bons. Assim, mesmo que você tenha um paciente que supõe-se estar em "fase terminal" a coisa importante é: para o que ele está bem ainda? O que você deve fazer com pacientes geriátricos?

No outro extremo da escala, as pessoas dizem: "Não é bom psicanalisar uma criança de dois, três ou cinco anos". Eu cheguei até mesmo a ouvir fantásticas declarações sobre não ser possível fazer qualquer coisa enquanto "as fibras não estão mielinizadas". Bem, o problema com as fibras mielinizadas é que geralmente as pessoas que as carregam costumam ser tão rígidas tão estrutu-

rada, que você não consegue atravessar outra ideia por sua "mielina". Por outro lado, se você tem um bebê razoavelmente inteligente e bem cedo você o coloca em um penico, as partes traseiras não-mielinizadas dele parecem saber bem o que fazer e então começam a funcionar adequadamente, independentemente do barulho ou do incomodo. O porquê disso eu não sei mas eu acho que os infantes devem ter uma personalidade – assim como os idosos, independentemente de o quão mal eles possam estar, e de o quão convencidos eles estejam sobre já terem atingido a posição terminal. Caso já tenham atingido um tal estágio, não há nenhum problema. Mas há, sim, um problema neste pequeno, neste minúsculo intervalo de seja lá o que for – dias, semanas, meses, algo entre esse ponto e o ponto em que eles não mais existem.

Mais uma vez, temos que voltar a considerar que não temos somente anatomia e fisiologia, mas também uma mente. "Não podeis medicar algo a uma mente doente?" – foi a pergunta feita por Macbeth referindo-se ao sonambulismo de Lady Macbeth. A resposta presumivelmente teria que ser algo como: "Bem, não no momento, mas em quatrocentos anos venha novamente e te direi o que podemos fazer." Similarmente, dizemos hoje em dia: "Retorne em quatrocentos anos e nós vamos lhe dar uma ideia". Mas, enquanto isso, cada um de nós vive esta muito curta, efêmera existência, na qual, eventualmente, pode-se usar essa hipotética "mente" sobre a qual estou falando na tentativa de contribuir com algo para o arcabouço geral. (Bion, 2017, pp. 28-29)

Privilegio esse depoimento de Bion na tentativa de me aproximar das palavras mais fidedignas possíveis, para transmitir ao leitor o aprofundamento da teoria Prazer no Pensar – Prazer criativo, fecundada em 2007.

No modelo que exponho neste artigo, pretendo abranger o que sugere André Green (1973), que o autor ao reproduzir e utilizar as teorias do seu modelo deve escolher um continente (título) capaz de abrigar seu conteúdo, e que a essência analítica abranja seu consultório. Fronteiras, neste artigo, têm o sentido de *olhar além* apesar do Desamparo e ir ao "encontro" de uma realização. Esse encontro se dá pelo processo do *pensar*, e sua transformação é o que gera prazer.

Fronteiras do Desamparo

Nesses tempos de pandemia e fronteiras fechadas, muitos aspectos emocionais pré-existentes emergem, tornam-se público, ou seja, de certa forma tudo está sendo colocado de forma desafiadora: vida e morte em um combate severo. O desamparo, nestas épocas, é muito mais desolador, mas ao mesmo tempo, aqueles que têm uma estrutura de mente mais forte vão em busca de amparar o próprio desamparo da forma que conseguem.

Fronteiras simbolicamente delimitam e marcam a descoberta do *Outro*, o desconhecido. Do *Outro* interno e do *Outro* externo que sobre os impactos da pandemia Covid-19, portanto, deixam mais expostas nossa fragilidade e finitude. Novamente, as fronteiras ganham uma valoração especial, as externas e as internas. Tudo o que estava submerso vem à tona nos pacientes e nos analistas. Podemos pensar em um genuíno momento de experiências comuns entre pacientes e analistas? Não estamos todos ameaçados por um predador invisível? Uma ameaça biológico/psíquica! Uma ameaça novamente da espécie humana!

O excesso de angústia nos assolou: perda de saúde, de renda, de entes queridos, do contato presencial humano, assim como fomos arrancados de nosso modo antigo de funcionar, de trabalhar, de lidar com a vida. Paradoxalmente, um tempo de oportunidade única de transformações do psiquismo. Todos nós traumatizados, no entanto, experienciando um excesso, cada um à luz de seu mundo interno, tendo que continuar elaborando não somente os traumas passados, mas os atuais em escala mundial.

Em contrapartida, as fronteiras em destaque podem nos propiciar "olhar sobre as colinas" (comunicação pessoal, A. Alvarez, 6 mar. 2021), as fronteiras com um sentido de podermos olhar para o que está além. O que está além de hoje inclui esperança e tem que ser interessante para nos mobilizar. Ela menciona que já existem esses impulsos emocionais no bebê. Penso que se trata de ser autoconfiante e ter a capacidade de sentir prazer, mesmo em épocas de intensas turbulências.

Quando recebemos a notícia de que seria necessário um confinamento e que não poderíamos trabalhar presencialmente, a primeira percepção de nossos sentimentos nos levou a pensar sobre o que fazer para não abandonar os pacientes, e a nós mesmos como analistas, pois também precisamos deles para continuar *sendo* analistas. Os pacientes também precisam de nós. Experienciamos, portanto, um verdadeiro tempo de Desamparo. Tempo de trabalharmos na cesura, no limite, entre realidade, negação-onipotência, fantasias. Mais do que nunca um tempo de exigências de transformações, ampliando e aprofundando o *setting* interno do analista.

Atendimento à distância

Minha experiência com o atendimento remoto não foi totalmente invasiva, pois já trabalhava com alguns pacientes dessa forma, mas com uma ressalva: antes foram atendidos por anos presencialmente e acabaram se mudando para outros países. Ou seja, mesmo com o atendimento online, o determinante específico permanece o enquadre interno do analista, sua capacidade de escuta, de vínculo, que vai além do manifesto.

O diferencial nesta pandemia foi atender todos os pacientes remotamente, pois perdeu-se o presencial, e perceber como cada um em sua singularidade iria aproveitar de seu processo de análise. Como iriam enfrentar, junto com a analista, toda essa turbulência ameaçadora.

Muitos deles se surpreenderam, pois em contato maior com seus recursos internos, e longe das seduções do mundo exterior, puderam entrar mais em contato íntimo consigo mesmos e com a analista. Confinados, por sua vez, o atendimento online nos favoreceu porque não teríamos que lidar com tamanha higienização concreta do consultório, e também em relação aos procedimentos protetivos pessoais, ou seja, o contato via online nos protegia dessas preocupações práticas. Metaforicamente, sugerir que o paciente confiasse que dentro de sua "casa" (mundo interno), ele estaria mais seguro, e assim, podia deixar a mente mais livre para a investigação de seu psiquismo, de seu sentir, podendo sim ser este um fator que propiciou esse aprofundamento e desenvolvimento. Paradoxalmente, o confinamento concreto os levou ao contato com a descoberta de um confinamento interno.

Nas sessões online, decididamente, não cabiam interpretações intelectualizadas, mas um empenho diferente de ambas as partes, para que os encontros se tornassem mais e mais verdadeiros, profundos, e que promovessem desenvolvimento – amparo ao desamparo (Nunez, 2019, p. 323).

Bion (1965/1983) refere-se às transformações em O:

> *Alcançamos a realidade apenas "sendo" aquilo que é real. É possível através da interpretação psicanalítica efetuar uma transição de conhecendo os fenômenos do self para sendo o self real? Estou certo em sugerir que os fenômenos são conhecidos, mas a realidade está por vir a ser. A interpretação deve fazer mais do que aumentar o conhecimento ... O hiato entre conhecendo os fenômenos e sendo a realidade se assemelha ao hiato entre conhecendo sobre psicanálise e sendo psicanálise. (pp. 174-175)*

No atual trabalho, analista e paciente *sendo* aquilo que é real, incluindo as ameaças pela Covid-19, enfrentando aquilo que é possível, e que mesmo via online ambos estão presentes no encontro. As interpretações continuam sendo intensificadas pelas experiências vividas no campo. Tempos de terror, para muitos, nos tem mostrado que o atendimento à distância não se trata apenas de uma tela virtual, mas um encontro repleto de presença psíquica, contenção, no qual sonhos, intuições e percepções têm plenamente seu lugar, o *sendo* a realidade possível.

O impacto da pandemia do Coronavírus rompe o já estabelecido, o humano que pouco se deu conta das "fronteiras" internas já existentes. Vivendo entre fronteiras físicas e territoriais proibidas desde 2020, e sem o livre acesso para todos no intercâmbio entre os países, por exemplo, todos de certa forma se tornam claramente diferentes, e o que não é igual é banido do contato. A pandemia evidenciou mais *O Estranho*, o não poder chegar perto do *Outro* externo, mas favorecendo o encontro com o *Outro* interno, para aqueles que têm esse recurso.

Esperamos que seja uma oportunidade para acolher cada vez mais o desamparo, tanto interno quanto externo. Oportunidade para olhar para os menos favorecidos, para os mais frágeis e ter compaixão, gerando a oportunidade de nos preocuparmos e cuidarmos do *Outro*. Está havendo muitos movimentos de compaixão e solidariedade, um compromisso com o mundo.[1]

Desamparo enfrentado por Freud e Bion ao descobrir suas teorias

Toda contribuição teórica dos autores, tem como estrutura suas experiências de dor e de amor nascidas de suas experiências principalmente de vida e de trabalho clínico. Somente assim é que se pode contribuir genuinamente com o contínuo desenvolvimento da psicanálise. Analista também sofre suas dores, tanto é real que as biografias dos principais autores nos mostram claramente o quanto eles sofreram no percurso de descoberta de suas teorias; ou seja, parece que é extremamente necessário que seja dessa maneira. A descoberta de uma teoria requer de seu autor, um processo de dor, sofrer a dor, até o tempo da criatividade, levando assim a seu amadurecimento.

Em 20 de janeiro de 1920, a fatalidade provocou em Freud dois golpes dolorosos. Para um deles achava-se preparado, mas não resignado em relação à morte de Toni Von Freund. Após três dias, chegaram notícias de severa enfermidade de Sophie, atingida por pneumonia gripal (gripe espanhola). Devido às dificuldades que sucederam à Primeira Grande Guerra, com uma vida que era

1 IPA em Community Online Congress, 12 dez. 2020.

apenas suportável, não havia trens que deixassem Viena rumo à Alemanha, e assim, Freud ficou impossibilitado de encontrá-la. Em 25 de janeiro, recebe um telegrama anunciando sua morte. Ao escrever para Eitingon, Freud descrevia-se assim:

> *Não sei que mais há a dizer. É um fato tão paralisador que não pode trazer pensamentos complementares de nenhuma espécie quando não se é crente, o que pouparia todos os conflitos que acompanham acontecimentos como esse. Inapelável necessidade, muda submissão. (Jones, 1979, p. 585)*

Na tentativa de tranquilizar Ferenczi, que se preocupava com os efeitos dessa perda, Freud lhe escreve:

> *Não se preocupe por mim. Sou o mesmo de sempre, apenas com um pouco mais de cansaço. O acontecimento fatal, embora penoso, não teve força para alterar minha atitude diante da vida. Durante anos estive preparado para suportar a perda de meus filhos; agora ocorre a de minha filha. Uma vez que sou profundamente irreligioso, não há ninguém a quem eu possa acusar, e sei que não há instância alguma a que uma queixa pudesse ser dirigida. "O caminho inalterado dos deveres de um soldado"[2] e o "doce hábito da existência"[3] se encarregarão de mostrar que as coisas continuam como dantes. Muito lá no fundo posso perceber o sentimento de profunda ferida narcisística, que não é passível de cura.*

2 "Des Dienstes ewig gleichgestellte Uhr". Schiller, Die Piccolomini, Ato I, Cena 4.

3 " süße Gewohnheit des Daseins ". Goethe, Egmont, Ato V, Cena 3.

> *Minha mulher e Anneri estão terrivelmente chocadas, num sentido que é mais humano. (Jones, 1979, p. 586).*

Bion, por sua vez, experienciou a crueldade das duas grandes guerras. Na Primeira Guerra Mundial, em uma arriscada ação bélica, chegando à patente de capitão. Já na Segunda Guerra, se dedicou à reabilitação dos pilotos do exército. Experienciou, portanto, momentos de extrema dor, extrema incerteza em relação à sua própria vida, verdadeiros tormentos mentais.

> *Intensa luz; intensa escuridão; nada entreposto; no crepúsculo. Sol áspero e silencioso; noite negra - escura - e barulho violento. Sapos coaxando, pássaros martelando caixas de lata, sinos estridentes, gritando, rugindo, tossindo, berrando e zombando. Aquela é a noite, aquele é o verdadeiro mundo e o barulho real. (Bion, 1982, p.23)*

P. C. Sandler evoca de forma brilhante que: "Talvez Bion componha com Freud, Klein e Winnicott o grupo que possibilitou a prática de uma psicanálise real. Instrumentaram sua prática psicanalítica com experiências de vida e não com construções imaginativas ou teorias racionalmente palatáveis" (Sandler, 1996).

Tanto Freud quanto Bion, e outros, foram *além* do conhecido, atravessaram suas fronteiras rumo ao desconhecido, pensaram o impensável.

Penso que chega a nossa hora como analistas de experienciarmos junto com nossos pacientes esse momento real de um campo de experimentações. A pandemia nos força, a princípio, a repensarmos nossa prática clínica, nossa instituição psicanalítica, nossa relação com os colegas, com o mundo, com nossa própria vida.

João Carlos Braga[4] acrescenta que:

> *De qualquer maneira, a situação presente é uma oportunidade para melhor percebermos a maneira de pensar nossa prática. Se assim for, sairemos desta situação com novas compreensões sobre nossa prática e nossa forma de pensar a mente humana. Afinal, a plasticidade da mente humana tem sido o que nos tem permitido continuar a sobreviver como espécie, apesar das imensas dificuldades que temos que enfrentar. No entanto, também vale a pena ter presente que estas mesmas condições que têm permitido um domínio impressionante sobre a natureza, são as mesmas condições que têm levado à liberação de forças com incrível capacidade destrutiva.*
>
> *Se a história do movimento psicanalítico nos tem mostrado a presença desta mesma capacidade de desenvolvimento e de adaptação a novas condições, devemos ter também o cuidado de considerar que podemos estar colocando em ação movimentos que coloquem em risco a psicanálise como a conhecemos. É difícil imaginar que o atendimento psicanalítico à distância não veio para ficar (pp. 7-8)*

4 Trabalho de João Carlos Braga apresentado em Webinar da SBPSP em 17 jun. 2020, e apresentado no grupo de estudos "Clínica do Des-amparo e a mente do analista" da SBPSP em 22 ago. 2020.

Fronteiras do Des-amparo e a teoria do Prazer no Pensar – Prazer criativo

Tem sido dessa maneira que a teoria sobre o *Prazer no Pensar* vem caminhando. Do meu ponto de vista, ela está no universo. A psicanálise seria descoberta por algum cientista, Freud a concebeu, mas ela já pertencia ao universo, à humanidade.

Vários autores já foram *além* do conceito de prazer original, como o prazer do princípio do prazer, ou seja, não apenas como descarga: o próprio Freud em *Além do princípio de prazer* (1920), Bion (1962/1991), M. Aisenstein (2003) e outros.

Já nos é familiar aceitarmos que o "paciente que não sofre dor fracassa em 'sofrer' prazer..." (Bion, 1970, p. 26). Aprofundando a teoria (Nunez, 2018, 2019) partiremos do ponto neste capítulo, considerando a capacidade de sentir prazer, como: "... a chance, de ficar naquele comprimento de onda em que você pode se preocupar com o que pode ser feito..."(Bion, 1977/1996, pp. 28-29).

Um comprimento de onda, como uma função alfa, talvez alcance melhor o significado de *prazer* sendo proveniente de uma qualidade específica. Esse comprimento de onda/função alfa é o que possibilita a captação do inconsciente em uma fração de tempo, mesmo que no momento seguinte, se esvaia o conhecer, mas que já possibilita expansão. É esse comprimento de onda que leva ao encontro apontado por Bion: de uma preconcepção com uma realização, dando à luz uma concepção/pensamento. As preconcepções representam um estado de "expectativa inconsciente" à espera de uma realização. É um estado, ou comprimento de onda instável, e inadequado para o conhecimento direto. Ou seja, requer um nível de atenção complexa que envolve: capacidade de espera; investigação, intuição e interpretação. O processo *prazer no pensar* envolve acolher pensamentos intuitivos.

Pensar o impensável gera prazer que vem posteriormente a um estado de atenção, que envolve *rêverie* – *prazer* de realização, do encontro com uma preconcepção, um estado de mente peculiar (um comprimento de onda intuitivo). O dar-se conta de algo interior que existe como realidade psíquica, sentida além do que se conhece conscientemente, em meio a uma situação de sofrimento que aparenta não ter saída. *Pensar* é transformar, integrar elementos perturbadores da mente. Esse estado de mente busca o encontro possível com uma realização, e é o que gera o prazer. É o sair de uma posição mortífera, ao encontro de uma saída de vida. Portanto, o encontro é uma concepção, gera prazer, possibilita criatividade. Bion propõe, na verdade, sofisticação de escuta da experiência emocional, de olhar, de observação. Mito Edípico (Freud) ←→ *O* de Bion.

Prazer no *Pensar* advém desse processo que culmina em um ato criativo, repetindo, quando o indivíduo se sente em uma posição mortífera, sem saída, e a mente se mobiliza para encontrar uma saída de vida possível. Nas palavras de Bion (2017): "Isso não tem nada a ver com 'câncer terminal', ou 'qualquer coisa terminal' tem a ver com fazer algo com a vida que ainda está por vir com o que ainda resta, o crédito que ainda está 'no banco', por assim dizer, remanescente e disponível ..." (p. 28).

O ato criativo se apoia na Intuição, que por meio de sua captação e posterior interpretação, possibilita o contato direto com a realidade psíquica. O prazer vem antes do conhecer, mas há também uma qualidade de "conhecer" imbricado no prazer. Não é um conhecer intelectual – vínculo K, mas há o intercâmbio de K para O e de O para K.

Anne Alvarez (2021) diz, em relação ao vínculo K, que se trata do desejo de chegar a conhecer, mas também um assombro pelo desconhecido. Diz ela que pacientes desesperados precisam de alguém até poder sonhar por si mesmo, e diz que o que os impulsiona são coragem, esperança e interesse. Em um de seus exemplos cita o canadense Ted Chamberlain, que se encantava com cavalos por terem um coração ardente, e esse coração estimulava sua imaginação.

Experiência clínica durante a pandemia

No campo analítico, fronteiras foram sonhadas, com suas especificidades individuais, tanto pela analista quanto por uma paciente em análise há alguns anos.

A paciente traz um sonho, e eu, enquanto a escuto, vou percebendo a mim mesma concomitantemente: um sentimento de dor, de pesar e tristeza invade boa parte da sessão. Aos poucos sinto que uma parte de minha mente está trabalhando, mas que eu ainda não sei sobre o quê; ao mesmo tempo, vou me sentindo muito próxima da paciente e um clima de interesse e curiosidade começa a brotar entre nós. Após um instante de tranquilidade, vem em minha mente a Muralha de Adriano.

A Muralha de Adriano e as imagens de rochas em meio ao oceano da paciente representam possivelmente a captação inconsciente entre a dupla, no momento da sessão. Que "instante de tranquilidade" surgiu na mente da analista para que a muralha tomasse conta de sua mente? Estranhei minha percepção. Estávamos experienciando a possibilidade de *olharmos além* do conhecido? Estava ocorrendo no campo uma apreensão, não como um ato de cognição, mas a partir de características do sentir?

Pensar o impensável é entrar em contato com terrores anteriores à relação de objeto, área da mente primordial (Bion,

1976/1987). É preciso coragem, força de vida, interesse em sair da área representável e intuir que se pode se aproximar de algo anterior ou futuro: *olhar além*.

Vinheta clínica

Sonho

No caso clínico de Andréa, privilegiei um ponto que considerei como um encontro entre nós, nos aproximando de O. Andréa relata seu sonho:

> *Walkiria, hoje eu acordei lembrando com detalhes o meu sonho... Sonhei que havia viajado para um país (não sei qual ao certo), e estava visitando alguns pontos mais famosos, talvez turísticos... e fomos parar (eu e meu marido) em uma espécie de praia...*
>
> *Neste lugar tinha a parte da cidade e a parte da praia, como a orla de várias cidades praianas (em que se tem a parte da avenida e a parte da praia), mas as águas eram mais próximas da rua, praticamente quando terminava a areia começava a água do mar.*
>
> *O cenário era lindo, e me representava de certa forma a Grécia, pelas belezas naturais e cor da água. Parecido com essas fotos, vou te mostrar [ela me mostra as fotos pelo Skype e as envia para mim pelo celular]. Paramos em um local onde fiquei observando as águas. Neste trecho havia rochas enormes, quase montanhas (dos*

dois lados) e as águas em volta, águas que eram da cor mais azul/verde, cristalinas, linda – quase uma visão do paraíso.

Parei ali na frente e pensei: preciso tirar uma foto minha aqui... e quero ficar entre essas duas rochas, com a água de fundo.

Em certo momento, comecei a reparar que as águas começaram a se revirar... Primeiramente em torno delas mesmas (como se estivessem se revirando, dando voltas sobre si). Depois percebi que as águas se afastavam da beira e que, ao voltarem, avançavam um pouco o limite (não ficavam mais até o ponto em que estavam antes). E esse movimento aconteceu algumas vezes.

De repente, percebi que, quando as águas se recolhiam e reviravam sobre si também ficam um tanto barrentas, escuras, e não estavam mais com aquela cor cristalina de antes. E em seguida, avançam ainda mais (iam ainda mais além do que tinham ido antes). Foi então que neste ponto percebi que precisava parar de admirar somente, percebi que precisava procurar um lugar para ficar em segurança (pois se continuasse assim, as águas poderiam ficar perigosas, e inundar tudo a ponto de fazer mal). Notei que eu e meu marido procurávamos por um lugar mais seguro... e acho que eu procurava por um lugar de maneira mais consciente, de forma mais séria (ele procurava também, mas não com a mesma seriedade que eu). Foi então que eu me deparei com uma porta de vidro verde (era um lugar como um jardim cercado por vidros), lembra os jardins de inverno, e entrei, entramos... e ao entrar vi uma grande escada, com degraus largos e com corrimão. Começamos a subir... ao subir, olhava o movimento das águas (que continuavam a se recolher e a avançar cada vez mais). Parei então em um determinado degrau, e sentei no corrimão, e fiquei observando o movimento das águas... A partir de certo momento, percebi que outras pessoas também se aproximavam desta escada, deste patamar em que eu estava, e pude entender que ali já era um lugar em que normalmente as pessoas procuravam, e se recolhiam, quando as águas estavam com esse movimento...

Lembro que fiquei olhando as águas por um tempo, tomando conta do nível em que estava subindo cada vez que avançava (até para ver se eu realmente estava segura ali no lugar em que havia escolhido). Neste ponto do sonho lembro que minha mãe (que não havia aparecido antes) estava também na escada, mas mais abaixo e me representou que ela não estava se preocupando muito com o perigo que as águas representavam – ou talvez não alcançasse o entendimento sobre o perigo...

Permaneci ali sentada, observando as águas e de repente um homem se aproxima de mim e diz: "é, parece que haverá um dia em que as águas subirão muito, e não vai adiantar estar aqui nestas escadas – só não sabemos que dia será esse".

Ao acordar e perceber que me lembrava de cada detalhe do sonho, gostei! Gosto quando lembro o que sonho e sempre me pergunto: foi um sonho bom ou mau? Este sonho mostra que eu estou bem ou não? Que eu continuo avançando ou que estou parada?

> *A paciente se emociona e num "choro sentido", relembra um episódio marcante de sua infância, sua perda, seu profundo desamparo. Se recuperando, me diz: "mas esse sofrimento eu já conheço, aliás, cheguei nessa análise para conseguir fazer meu luto, mas este meu sonho me leva para onde?"Digo que tolerar nossos mistérios, nosso saber e não saber, nos faz ficarmos em nossa companhia, percebendo nossos movimentos de necessidade de esperar, e outros movimentos de que podemos prosseguir. Eu digo: "Você agora me fez lembrar a fala de uma antiga supervisora minha que me disse um dia, em um momento de intimidade psíquica entre nós duas, "confie". Você está mais confiante em si mesma, está dando conta melhor de suas perdas, mais observadora de seus limites, e ao mesmo tempo, pronta para expandir, uma parte pode até negar os perigos que te rondam, mas a outra está percebendo, como você mesma disse. Está se observando cuidadosamente.*

Neste momento de nossa conversa, sinto que fronteiras, muralha/rochas se disseminam. Sinto que estamos juntas em expansão, cada uma de nós precisou antes sonhar seu sonho individual, para depois partilharmos, assim como no Complexo Conjugado[5] de Bion. O sistema defensivo se transforma em protetor/acolhedor:

---

5 "O 'complexo conjugado'... é representado por um par de números complexos cujas partes imaginárias são idênticas, mas diferem apenas no sinal, por exemplo, 6+4i são complexos e 6-4i são complexos conjugados... . Imagens de espelho um do outro, um conceito que Bion usou para representar o narcisismo geometricamente [...] Ele dá o exemplo de uma linha reta (representando um objeto) que corta um círculo (simbolizando a mente) em dois pontos diferentes que poderiam ser representados como pares de pontos... . Reais e distintos, ou verdadeiros e distintos: dentro do círculo, no mundo interno, representa-

"Gosto quando lembro o que sonho e sempre me pergunto: foi um sonho bom ou mau? Este sonho mostra que eu estou bem ou não? Que eu continuo avançando ou que estou parada?".

Depois de um tempo em silêncio, ela ainda com voz embargada diz:

> *Nossa, no sonho minha mãe não se dava conta do perigo, e eu muitas vezes não sei distinguir quando realmente é uma situação de perigo. Em algumas situações importantes de trabalho senti tanto medo que acabei desistindo de prosseguir com o meu projeto, eu paralisava e queria atenção como uma criança indefesa. Era um terror e eu não prosseguia. Em outros momentos, pensando agora, sentia minha mãe me "roubando a cena", roubando a oportunidade de eu viver minha própria vida, me desencorajando.*

Digo que no nosso encontro, quer alguém que reconheça os perigos reais, mas ao mesmo tempo, que permita seu desenvolvimento, e que eu continue com o meu, como uma mãe que cresce individualmente, mas que permite o desenvolvimento de seu bebê. Eu digo: "*Hoje sinto você mais preparada a reconhecer os perigos reais em relação à vida que muitas vezes nos assombra, e que nunca sabemos a hora que isso ocorrerá.*"

Uma pausa acontece e eu permaneço em silêncio. Andréa continua:

---

riam a relação analista-analisando operando harmoniosamente em busca de O e de sua transformação em K". (López Corvo, 2003, pp. 62-63).

> *A: — Vivi em uma família que tive que fazer de conta, me esconder porque já me sentia diferente, e me diziam muito que eu tinha que ficar quietinha. Provavelmente eram momentos de muita dor, pois me lembro de estar sozinha, brincando com meus amigos imaginários, mas estranho que havia uma percepção de estar sozinha, estou me vendo na cena!*
>
> *W: — Pera aí, então você está nos dizendo que já havia uma condição interna sua de "ficar com você sozinha". Sua dúvida se foi um sonho bom ou mau, é a dúvida se eu vou ser boa e permanecer junto com você, te reconhecer como pessoa, ou má e te desencorajar a prosseguir.*

Converso com ela sobre a Muralha de Adriano que me veio à mente, enquanto eu a escutava e a sentia, e que talvez essa aproximação de imagens, e significados se deu possivelmente porque ela estava em busca de um contato verdadeiro consigo e comigo.

Comentários

Penso que se trata de uma sessão onde analista e paciente estavam em uníssono, e assim, foi possível a intuição da analista. Houve uma captação inconsciente porque pôde ocorrer um momento singular sintônico entre a dupla. A dupla se permitiu experienciar o terror que Andréa estava vivendo naquele momento da sessão, momento em que as rochas e muralha foram sonhadas pela dupla. O terror era do desamparo, quando a pessoa se sente roubada de si mesmo, por si mesmo (a mãe que lhe rouba a cena).

No próximo momento Andréa experiencia seu conflito, o continuar enganando-se, escondendo-se ficando quietinha, ou enfrentando-se intuitivamente. O próprio Bion (1965) nos diz: "Uma vez que o pensar libera a intuição, passa a existir um conflito entre o impulso para deixar a intuição sem expressão e o impulso para expressá-la. Portanto, o elemento restritivo da representação irrompe na transformação Talfa – Tbeta do material pré-verbal" (p. 28).

Podemos então pensar em uma transformação em *O*, algo real acontecendo na sessão e transformando a dupla. Analista e paciente tiveram condições de suportar águas turbulentas e barrentas juntas, e agora podem aguardar o que poderá surgir dessa experiência.

Na fala de Andréa: "*Permaneci ali sentada, observando as águas e de repente um homem se aproxima de mim e diz:* 'é, parece que haverá um dia em que as águas subirão muito, e não vai adiantar estar aqui nestas escadas – só não sabemos que dia será esse'". Lembra-me um rio subterrâneo que nunca se sabe quando ele vai emergir, como o desamparo, porque dependemos do outro para nos desenvolver psiquicamente, principalmente nos tempos primórdios. A vida nos traz traumatismos, e nos assombra justamente porque não sabemos quando irão emergir.

O que chamo de um possível encontro verdadeiro entre a dupla, ou um encontro em uníssono com o paciente, e que faz frente ao desamparo, é um momento em que algo acontece na sessão entre as duas mentes, que se colocam disponíveis em um determinado "comprimento de onda", para que cada uma avance em seu desenvolvimento. O analista participa ativamente do processo enquanto o observa, o recebe, o sente, e assim é transformado pelo campo. Embora seja o analista com sua função alfa, *rêverie*, intuição que deverá ter a condição de uma abertura dessa condição (metaforicamente podemos pensar nos buracos negros do Universo, ou portais dos tempos; é o analista que propõe essa dimensão).

Na sessão, quando eu percebi estar em "um momento de tranquilidade", e me veio à mente a Muralha de Adriano, no primeiro instante estranhei: como tranquilidade se Hadrian's Wall teve o significado de impasse, contradição e foi construída como uma barreira defensiva?

Podemos compreender a tranquilidade sentida pela analista como uma atitude "passiva da analista", mas no sentido de se deixar penetrar pelo desconhecido, pelo campo de O.

No sonho de Andréa, primeiro há uma realidade psíquica, como uma preconcepção (antecedendo a realidade sensorial), depois é que se transformou na realidade sensorial. Penso que a intuição se ancorou em imagens também, ou seja, houve uma transposição com a realidade psíquica. Um ponto enxergado no desenvolvimento de Andréa, é que ela pôde aceitar a convivência de paradoxos (Nunez, 2019, p. 273).

Penso que no campo analítico houve a captação da essência da dupla, paciente e analista, em dois momentos distintos: 1) um O comum a dupla, o tornar-se uníssono com o objeto (cf. Eshel). Para O. Eshel, o analista "empresta sua mente" para o paciente; 2) posteriormente há uma transformação no *Ser* individual da dupla.

Na mente da analista surge a Muralha de Adriano...

A muralha de Adriano separava simbolicamente o mundo civilizado do mundo "bárbaro", demonstrando assim a soberania e o poder romano. Roma estava em plena expansão militar, durante o século II, conquistando cada vez mais territórios. Um dado extremamente interessante é que o imperador Adriano percebeu a inviabilidade de manter o crescimento do império em todas as direções. As fronteiras ameaçadas provocaram no imperador a decisão de interromper a expansão e manter sobre controle o que já era de posse de Roma. A Muralha de Adriano é uma fortificação construída principalmente em pedra e madeira, no norte da Inglaterra, aproximadamente na atual fronteira com a Escócia. Foi assim denominada em homenagem ao imperador Públio Élio Trajano Adriano, que ordenou sua construção, portanto, para proteger o império de possíveis ameaças. Ou seja, uma estrutura defensiva capaz de prevenir contra as investidas militares da Escócia.

A Muralha de Adriano foi a captação da analista do conflito, e das ameaças existentes na mente de Andréa sendo experienciadas ali na sessão. Conflito entre ela se permitir *ser* si mesma, ou permanecer quietinha deixando-se roubar por si própria.

Assim como na Muralha de Adriano, sonhada por mim na sessão, no início Adriano fechou suas fronteiras impedindo a expansão para poder se organizar com o que dispunha, minha paciente fecha as fronteiras internas para tentar enfrentar as experiências indigestas que ali estão em sua intimidade. Ela lembra-se dos problemas com sua mãe, tentando lidar com um problema muito antigo (subir as escadas, *olhar além*), e machucada pela vida (águas barrentas) já podendo perceber que repetia essas dores, sem entrar em contato.

Rochas, muralha como defesa e cisão entre tempo e espaço referem-se à *barreira* reconhecida por Andréa inconscientemente para evitar o contato. Seu desenvolvimento se deu no enfrentamento da dor mental, ao chegar perto da verdade possível.

A dor, quando a turbulência acontece na sessão, no contato com ela mesma (Andréa) e com o objeto de amor (analista), possibilita a sobrevivência psíquica. Essa é uma saída de vida e que gera prazer. Ela também se permitiu ter esperança de encontrar alguém que não impediria seu desenvolvimento, ao mesmo tempo, aumentando a tolerância a sofrer a dor. O registro antigo é que ela não encontraria ninguém que assimilasse suas intensidades psíquicas, que não haveria ninguém capaz de ser um continente, mas arrisca-se mais uma vez, ali com a analista, esperançosamente. Portanto, ao analista cabe ser capaz de absorver a experiência, sentir com profundidade, e metabolizá-la. Ou seja, esse processo também gera prazer no analista.

A dor permaneceria se ela não encontrasse um objeto capaz de reconhecê-la (objeto dentro de si e objeto analista), e o enfrentamento da realidade novamente seria recusado, reforçando luta e fuga.

Quando se pensa no processo do pensar tendo como par intuição/experiência emocional, eu penso em um triângulo, *intuição/experiência emocional/prazer no pensar*, representando o Édipo, ou Campo de O. Experiências que se realizam quando se está uníssono consigo mesmo.

Andréa, provavelmente pelo nosso contato vincular, pôde experienciar o prazer no pensar, *pensar como um acolher pensamentos intuitivos*, integrando e transformando elementos perturbadores e indigestos, pois houve o momento de perceber a si mesma intuitivamente, em diferentes dimensões internas. Tustin 1984 aponta que o nascimento psicológico, é deixar-se fluir dentro do objeto.

As palavras de Carmen Mion sintetizam minha associação:

> *Às vezes, precisamos "ouvir" intuir os vestígios remanescentes do que sobreviveu na mente de uma pessoa, soterrados no meio de todo o barulho que nos chega pelos sentidos da visão e audição, detectar o vestígio de algo que ainda é atuante em sua vida. Como propõe Bion, não temos apenas duas pessoas na sala de análise: "é como ter o todo de uma pessoa em todas as idades*

> *e de todos os tempos num quarto ao mesmo tempo". (Mion, 2005, p. 29).*

A referência ao depoimento de Bion, sua fala vívida, é no sentido também de uma reflexão de que viver a vida parece ser um caminho assustador, mas o único caminho, conhecido até agora, é o acolhimento de *Ser* quem se é na tentativa de não estar submetido às repetições cegas e, portanto, à morte precoce. Suportar ficar frente aos mistérios, e poder pensar o que ainda não foi pensado, intuído, pode levar a uma transformação psíquica das partes não nascidas da mente.

Penso que a paciente começa a tolerar a dor ou frustração de não acontecer algumas de suas preconcepções, e assim com o enfrentamento dessa dor, poderá aproveitar melhor a vida, e sentir prazer em relação às experiências que forem possíveis de realizar.

Referências

Aisenstein, M. (2003). Face a face, corpo a corpo. *Trieb*, *2*(1), 145-155.

Alvarez, A. (2021). Webinar da SBPSP Aula inaugural do Cinapsia, 6 mar. 2021.

Bion, W. R. (1962/1966). *O aprender com a experiência* (J. Salomão & P. D. Corrêa, trads.). Rio de Janeiro: Zahar.

Bion, W. R. (1962/1991). *Aprendiendo de la experiencia.* México: Paidós.

Bion, W. R. (1965/2004). *Transformações do aprendizado ao crescimento* (2a ed., P. C. Sandler, trad., pp. 174-175). Rio de Janeiro: Imago.

Bion, W. R. (1970). *Atenção e interpretação* (P. C. Sandler, trad., p. 28). Rio de Janeiro: Imago.

Bion, W. R. (1977/1996). *Uma memória do futuro* (P. C. Sandler, trad., Vol. 2 – O passado apresentado). Rio de Janeiro: Imago.

Bion, W. R. (1982). *The long week-end 1897-1919: part of a life.* Abingdon: Fleetwood.

Bion, W. R. (1965/1983). *Transformações: mudança do aprendizado ao crescimento.* Rio de Janeiro: Imago.

Bion, W.R. (1976/1987). Turbulência emocional. Trad. Paulo Cesar Sandler. *Rev. Bras. Psican.*, 21, 121-133.

Bion, W.R. (2017). *Seminários na Clínica Tavistock* (1ª. ed.). Blucher.

Eshel, O. (2019) *The emergence of analytic oneness: into the heart of psychoanalysis.* (Psychoanalysis in a Chapter 2, Two-in-oneness, Transformations in "O") Routledge.

Green, A. (1973). *Sobre a capacidade negativa: uma revisão crítica de atenção e interpretação de W. R. Bion* (p.1).

Grotstein, J. S. (2009). Sociedade Psicanalítica de Porto Alegre apresenta "Um facho de Intensa Escuridão": o legado de Wilfred Bion à psicanálise. Porto Alegre: Artmed, Bookman.

IPA na Community Online Congress. 12 dez. 2020.

Jones, E. (1979). *Vida e obra de Sigmund Freud* (3a ed., L. Trilling & S. Marcus, Orgs. e Resumo). São Paulo: Guanabara.

Nunez, W. (2018). *Des-amparo e a mente do analista.* São Paulo: Blucher.

Nunez, W. (2019). *O prazer no pensar – prazer criativo.* São Paulo: Blucher.

Sandler, P. C. (1996). Segunda capa. In W. R. Bion, *Uma memória do futuro* (Vol. 2 – O passado apresentado). Rio de Janeiro: Imago.

Tustin, F. (1981/1984). *Estados autísticos em crianças*. Rio de Janeiro: Imago.

Conferência de René Roussillon[1] apresentada em 22 de maio de 2021 via plataforma Zoom com iniciativa do grupo de estudos "Clínica do Des-amparo e a mente do analista" da SBPSP, em parceria com a Diretoria Científica e Diretoria de Atendimento à Comunidade (DAC) da SBPSP

Tradução francês-português: Sylvie Gazzamini Giraud.

Transcrição do português: Walkiria Nunez Paulo dos Santos

Fonte: Bittencourt, 2021.

---

1 René Roussillon é membro titular da Sociedade Psicanalítica de Paris e do grupo Lyon Rhône Alpes. Professor de Psicologia e Psicopatologia na Clínica da Universidade Lyon 2, onde chefiou o Departamento de Psicologia Clínica por 22 anos, e também uma equipe de pesquisa dedicada a situações limítrofes e extremas de subjetividade durante o mesmo período. Recebeu o Prêmio Sigourney em 2016. Publicou cerca de 250 artigos, cerca de cinquenta em língua estrangeira, e quinze livros, incluindo dez traduzidos para língua estrangeira.

René Roussillon: Em primeiro lugar bom dia a todos. Eu gosto muito de ir ao Brasil, e aqui eu irei ao Brasil por meio do Zoom, não é a mesma coisa do que estar presencialmente na companhia de vocês, mas acho que poderemos trabalhar. Eu previ certo número de reflexões, mas eu gostaria que vocês refletissem juntos, para que possamos trocar bem. É necessário que eu diga algumas coisas, mas para mim é muito importante que nós tenhamos um tempo para discutir, então eu vou falar por volta de uma hora, farei isso, e isso nos dará meia hora de trocas, e eu conto muito com essas trocas. Conto tanto mais com essas trocas, porque eu não os vejo. Tenho alguns rostos aqui, mas eu me regulo sempre em função das reações daqueles para quem eu estou me endereçando. Então tenho algumas reações e é por isso que eu quis conservá-los, mas eu necessitarei também das vossas reações posteriormente, reações escritas, por escrito ou discutidas.

Eu me propus trabalhar a questão da impotência, a partir da questão daquilo que eu chamo de "Trauma Primário", preciso dizer algo sobre o trauma primário, do que eu considero trauma primário. É aquilo que eu chamo de trauma arcaico, ou seja, algo que é desorganizador, que intervém nos dois primeiros anos de vida e que terá consequências posteriormente muitas vezes duráveis, durante a vida toda, quando elas não puderam secundariamente ser integradas, modificadas, porque estou falando dos traumas primários durante os dois primeiros anos de vida, porque nos dois primeiros anos de vida há toda uma série de particularidades e há uma particularidade que é completamente essencial que é o fato de que o bebê, o recém-nascido não pôde constituir o que chamamos de lembrança da sua experiência, então ele é marcado por um certo número de coisas na sua relação com seu ambiente, com seu entorno, mas ele não consegue relembrar isso e isso terá consequências importantes no trabalho psicanalítico, porque os pacientes não podem lembrar do que passou nessa idade precoce. Ora, aquilo que aconteceu tem toda uma série de consequências sobre o presente, não necessariamente, não sempre, mas muito frequentemente, ou seja, estamos diante de uma situação que é bastante complicada, que é o fato de que, a partir dos seus sofrimentos atuais, a partir dos seus sintomas atuais, nós tentaremos imaginar, tentaremos reconstruir, pensar o que aconteceu para eles quando tinham menos de 2 anos ou 2 anos e meio. Isso vai nos levar a pensar muito sobre o que pode acontecer para um bebê nessa idade. O que pode ser traumático para ele nas situações de impotência, nas situações de desamparo, e que ele pode encontrar situações extremas.

Nós teremos que fazer todo um trabalho de construção ou de reconstrução no modelo, já que está acontecendo isso agora para ele. Então talvez alguma coisa tenha acontecido quando ele era bebê, quando ele era um bebê, quando ele era um bebê muito pequeno, então é isso que me interessa, é explorar os eventos subjetivos ou pré-subjetivos, os eventos psíquicos que talvez marcaram o sujeito e continuam a marcá-lo, em uma época em que ele não pôde constituir uma consciência clara e uma lembrança daquilo ao qual ele foi confrontado. Então isso é o que eu vou tentar desenvolver aqui sobre o trauma primário.

Há diferentes tipos de trauma primário, há traumas primários cujo sujeito não se lembra que deixaram traços sobre o seu corpo, ou na sua psiquê, mas o seu entorno pode identificar como tais; por exemplo, às vezes vocês têm um bebê que tem 6 meses e que é internado e que passará 4 meses no hospital, é traumático, mas o entorno pode contar a ele que houve essa internação, então há eventos traumáticos assim.

Há em outras circunstâncias, há também maus tratos com relação ao bebê, há decisões judiciais, há algo que é identificado, que pode ser identificado. Vocês também têm crianças que têm traumas primários, porque eles têm uma má formação da boca, ou eles têm uma deficiência e tudo isso tem uma consequência sobre o seu desenvolvimento. Esses traumas, eles são importantes e eles provocam situações de desamparo, que provocam situações de impotência, mas de certa forma temos nos atentado muito rapidamente para o fato de que ele deve ter passado por alguma experiência traumática, porque uma internação com 4 meses, com 6 meses, que dura muito tempo, nós sabemos, nós psicanalistas sabemos que isso deixa traços, que maus tratos em relação ao bebê, nós sabemos que isso deixa traços. Nós sabemos que deficiência como surdez, como cegueira, deixa traços, então há todo um trabalho que nos facilita as coisas. O que interessa a mim é ir buscar os traumas nas situações em que justamente não há traços manifestos. O sujeito não tem mais a memória, e o entorno nunca identificou que havia algo de traumático acontecendo para esse bebê, e nós temos toda uma série de indicações durante a cura que progressivamente nos leva a pensar que algo aconteceu durante esses dois primeiros anos de vida, certo número de acontecimentos que talvez expliquem certo número de particularidades daquilo que os pacientes nos contam, e do sofrimento ao qual eles estão confrontados. Então é esse tipo de abordagem que eu gostaria de desenvolver aqui, porque ela não é muito tratada, ela é menos frequentemente tratada, e, no entanto, ela é de extrema importância.

Eu tinha escrito um artigo que se chama cujo título era "O trauma perdido", e havia nele a ideia de que havia algo perdido, que não estava na memória, isso me interessava muito de dizer, que esse trauma perdido, nós temos, nós necessitamos pensá-lo, encontrá-lo, para entender o que está acontecendo agora; então se tentarmos aprofundar essa busca em direção dos traumas perdidos, ou seja, traumas que não foram identificados como tais pelo entorno como traumas, mas como eventualmente como particularidades da criança, particularidades dos pais, não com essa ideia de que foi traumático, ou seja, de que colocou um problema maior, mas isso muitas vezes é apresentado como: ah, essa criança é nervosa! Ela tem problemas para dormir! Mas as crianças que não dormem, não é necessariamente traumático, mas há provavelmente um trauma nessas crianças ultra vigilantes, que estão extremamente vigilantes ao seu entorno, isso pode ser um traço de que algo aconteceu no primeiro encontro, na comunicação primeira, algo que não era conveniente.

Então vou tentar falar dos traumas primários que não são geralmente identificados como traumas, a menos que vocês tenham um clínico perto de vocês, mas a gente se dá conta quando a gente observa um bebê no seu entorno que há eventualmente alguma coisa pela forma pela qual o entorno se comporta que mostra que algo não está indo bem, e o bebê tem diarreias, que ele tem muita acne, que ele não dorme bem, que ele grita muito, que ele tem surtos de raiva, que há manifestações do bebê estranhas, mas nós clínicos sabemos que essas manifestações são uma linguagem pela qual o bebê tenta nos alertar de que há algo na sua relação com seu entorno que não é conveniente, algo que não está bem, algo que não convém, porque ele está confrontado – e aqui estamos diretamente ligados a nosso tema –, porque ele está confrontado a um vivido extremo, de extrema impotência, um vivido de impossibilidade de agir sobre seu entorno para tornar esse entorno mais adequado às suas necessidades.

Ou seja, o bebê de forma muito precoce encontra um limite ao qual ele não consegue fazer frente porque ele não é suficientemente organizado para afrontar com enfrentar a situação com a qual ele está confrontado.

Quando pensamos a idade precoce tradicional na psicanálise, pensamos geralmente a partir da questão do seio, do bom seio, do mau seio, do bom objeto, do mau objeto, a partir então da vida pulsional. Esses problemas que eu menciono aqui, esses traumas, eles não são dessa natureza, não é do lado da vida pulsional, do bom seio ou do mau seio que temos que ir buscá-los, é algo que se identifica muito mais com o ambiente relacional, um fracasso que Joyce McDougall chamou de comunicação primitiva. Há muitos bionianos entre vocês, eu espero que haja também muitos winnicottianos, e tanto Bion quanto Winnicott ressaltaram que para um bebê não há somente o seio, não há somente o corpo, não há somente a autoconservação, há também toda comunicação afetiva, toda uma linguagem precoce do corpo que servirá ao bebê para se comunicar com seu ambiente, e é do lado desses modos de comunicação, ou seja, de tudo aquilo que estará não tanto do lado da pulsão, que estará ligado ao desenvolvimento do eu, do sujeito que há algo que deve ser refletido.

Há já muitas pessoas que refletiram sobre isso, estou tentando voltar a essa reflexão integrando mais dados, integrando muitas coisas, da minha própria experiência de vida. Então vou formular aqui algo que é minha hipótese global, e a minha hipótese global diz respeito à psicanálise dos adultos ou dos adolescentes, ela não diz respeito à psicanálise dos bebês, ainda que ela tenha interesse para a psicanálise dos bebês, mas o que me interessa é tentar ver como, aquilo que eu vou tentar desenvolver, como aquilo que aconteceu na primeira infância tem efeito sobre a vida atual dos adultos.

Pegando como um exemplo muito simples: o paciente chega, e algo aconteceu no seu local de trabalho, houve algo de um pouco desagradável com uma colega, mas algo de bastante banal, que ocorre muito nas relações humanas, uma pequena palavra desagradável, um olhar de desprezo, coisas muito correntes, muito habituais da vida de todos os dias. São coisas sobre as quais nós passamos por cima, e aí vocês vêm que o seu paciente, sobre ele isso teve um efeito terrível, um afeto de uma intensidade; ele voltou para casa, ele não conseguiu dormir, e ele ficou remoendo aquilo durante a noite; foi um evento considerável, uma reação afetiva, uma reação psíquica que é desproporcional ao evento em si, e isso acontece de forma bastante frequente, eu penso sobre isso em relação a meus pacientes, algo bastante clássico.

Uma de minhas pacientes, seu companheiro, eles estão pensando em casar-se; seu companheiro trabalha na área imobiliária; ele é muito ocupado, e ele é obrigado a deixá-la por três dias para concluir um negócio. Três dias, três dias não é nada, ela se encontra sozinha e isso vira uma catástrofe, é como se ela fosse abandonada. Três dias ela sente como se o mundo estivesse ruindo, enquanto o evento em si é bastante anódino, tudo bem, não é muito difícil, não é muito fácil ficar três dias sem o seu querido, mas não é o fim do mundo, mas para ela é o fim do mundo, mas por que para ela é o fim do mundo? De onde vem isso? E se eu trabalho com ela essa questão, e eu exploro essa questão, eu digo: "Mas você já teve várias separações traumáticas e difíceis!", ela diz não. Ela não tem memória disso, ela não tem memória de que seja uma ausência, então vamos trabalhar e perceberemos progressivamente que, de fato, nunca houve uma grande separação, no entanto, ela tinha uma mãe que não estava ali quando ela estava presente, ela estava presente fisicamente, mas ela estava sempre com a cabeça alhures. A paciente tem vividos de abandono, sem que haja verdadeira separação. E eu consigo reconstruir tudo isso, a partir do que ela me diz, da sua comunicação com sua mãe quando ela tinha 4 anos, 6 anos, 8 anos, 12 anos. Eu consigo pensar e isso é interessante, se isso tivesse acontecido quando ela tinha 12 anos, 8 anos, se isso estava ali quando ela tinha 12 anos, 8 anos, isso estava ali quando ela tinha 2 anos, mas está fora da memória, mas isso não significa que não tenha existido, e então um elemento muito interessante é que esses traumas primários, esses traumas que dependem de um modo relacional, nós teremos vários indícios deles, mais tarde, porque dependem da estrutura do funcionamento psíquico da mãe, do pai, ou do entorno (*falha na gravação*)

... que passam por uma terapia para que eles sejam transformados, ou seja, são coisas que existem permanentemente com formas diferentes, mas é diferente, não é o mesmo impacto quando vocês têm 12 anos, ou quando vocês têm 1 ano, 6 meses, ou 1 ano e meio, o vivido não é o mesmo, com 12 anos não é um abandono, a minha mãe é a culpada, ela está com outras preocupações, mas para o bebê não é a mesma coisa quando ele está em comunicação com sua mãe é o mundo inteiro dele, e se vê no rosto da mãe que ela não está ali, que ela não está presente, então o mundo inteiro rui, não é da mesma natureza.

Então e se acontece uma vez, não é grave, Freud pensou em alguma coisa que é um conceito que me parece extremamente interessante e ele pensa nisso de forma precoce; ele diz a respeito do trauma e há dois, há dois traumas que devemos considerar, aquilo do pouco que me inspirei: há um trauma de acontecimento, em que acontece alguma coisa que todos identificam, e há o que ele chama de micro traumas cumulativos que são pequenos traumas sobre os quais passaremos por cima facilmente, mas quando eles se repetem, de forma regular, a acumulação desses traumas é o equivalente, diz Freud, de um grande trauma. Mas isso não se opera da mesma forma, então essa minha hipótese global, que eu posso então formular, é que todas essas particularidades, muitas vezes, por exemplo, dizemos como ela é frágil, essa paciente, como esse homem é frágil, isso não nos ajuda muito, dizer que eles são frágeis não nos faz avançar muito na compreensão analítica, mas se por infelicidade pensamos que eles são frágeis, vamos dar-lhes uma representação deles mesmos que vai ainda mais fragilizá-los.

Mas o que há por trás dessa fragilidade, o que há por trás dessa vulnerabilidade, o que há por trás de toda fragilidade narcísica de toda uma série de pacientes? Minha hipótese é de que por trás dessa fragilidade que constatamos, há traços de uma comunicação primitiva que esteve em grande dificuldade, que eventualmente fracassou, e que eventualmente foi desorganizadora.

Eu sei por que eu já vim a São Paulo, há muitos bionianos entre vocês, e eu gostaria de falar um pouco de Bion e dos bionianos. Vocês conhecem o que Bion chamou de função alfa, mas não sei se vocês têm conhecimento de Gianna Williams, que descreveu algo que ela descreve como função ômega, aparentemente vocês não têm familiaridade com esse conceito, a função ômega.

A função alfa é uma função descrita por Bion para dizer que a mãe transforma de certa forma os vividos estranhos, enigmáticos do bebê, restituindo-lhe algo que é muito mais integrável para ele, então ela os tira da toxicidade, é a função de destoxicação, ela permite ao bebê transformar esses objetos bizarros, esses vividos estranhos em algo que ele pode manejar, domesticar, e que ele poderá progressivamente integrar.

O que Gianna Williams diz a respeito da função ômega é que é uma função inversa. Eu aconselho vocês a traduzir e ler Gianna Williams, que é muito interessante. Ela trabalhou muito sobre todas as patologias alimentares precoces. O que diz Gianna Williams é que há algo na resposta materna que é totalmente inverso da função alfa. Ou seja, que torna ainda mais bizarro ao bebê aquilo que acontece com ele; que isso torna aquilo ainda mais dificilmente integrável, ou até mesmo essa atitude da mãe pode ampliar a sua angústia. Ela pode amplificar, por exemplo, vocês têm um pequeno bebê que começa a chorar e a mãe irritada começa a gritar. Ele recebe a sua própria raiva, que retorna de forma amplificada, e vocês percebem os bebês completamente assombrados naquele momento, apavorados, eles estão imobilizados, porque é o terror, é como se eles retornassem sob a forma de um bumerangue, não somente ao qual eles tinham dificuldade, mas esse retorno de bumerangue volta de forma amplificada.

Podemos descrever isso de forma muito simples: uma mãe com função alfa, vocês têm um bebê que chora, ele estava no seu berço, ele chorou, e a mãe não o escutou imediatamente, ela não veio imediatamente, ela deixou que ele chorasse um pouco, ela chega. A função alfa o que é? Ele está com raiva, ele grita. Uma função alfa é a mãe que lhe diz: "Ai que mãezinha malvada, ela deixou seu bebê". Ai mãezinha malvada, e ela fecha as sobrancelhas, ela mostra raiva no seu rosto, mas ela mostra de tal forma que o bebê não se engane, não é porque a mãe parece estar irritada, ele compreende que ela está encenando o papel de espelho, ela está encenando uma imagem da raiva, e isso permite ao bebê domesticar sua raiva. É o que descreve Winnicott quando ele diz que o rosto da mãe é o espelho dos estados interiores da criança. Então as mães, os pais, eu digo as mães mais por facilidade, mas eu incluo os *caregivers*, todos os cuidadores, eles refletem o bebê no seu rosto, mas em toda a sua atitude física algo que está em ligação com o bebê. Eles refletem, eles estão refletindo algo daquilo que eles estão vivendo, e é o que permitirá ao bebê domesticar aquilo com o qual ele está confrontando.

Há o desamparo do bebê quando ele se depara com emoções importantes, ele não sabe do que se trata, ele tem a impressão de que ele está sozinho com aquilo que ele está vivendo, e que lhe é completamente estranho, mas se vocês tem um adulto que lhe comunica, que é possível compreender o que ele está vivendo, vivenciando, é possível compreender em linguagem de bebê, ou seja, é possível imitá-lo, mostrar-lhe, isso é o que eu sou capaz de mostrar ao bebê, o rosto da raiva, a feição da raiva e que ele compreende que efetivamente que essa é uma raiva, então ele se sente muito menos só com aquilo com o que ele está vivenciando, porque o outro é capaz de compreender, de ter empatia, e de compreender a sua raiva; não somente ele está muito menos só, mas ele compreende que isso pode ser uma linguagem já que o outro compreende, então é possível enviar-lhe uma mensagem.

Então quando vocês estão com muita raiva, e pouco a pouco, vocês podem ter apenas uma feição de raiva, como a mãe, e a mãe compreenderá que a feição de raiva significa raiva, e que não é necessário quebrar tudo. Então o bebê começa a transmitir uma linguagem corporal, uma linguagem corporal que é uma comunicação.

Vocês estão me seguindo bem?

Essas panes do lado da comunicação primitiva e vou falar bastante disso, porque é o núcleo central daquilo que vou dizer aqui, quando isso repete de forma regular, quando isso vem acompanhado de desvios, ou seja, a mãe interpreta mal, a mãe entende mal. Nós estamos sempre à margem, por exemplo, quando um bebê chora, reação imediata, vem o seio ou a mamadeira, então evidentemente o bebê ele vai receber isso, porque isso vai acalmá-lo, mas ao mesmo tempo ele comeu muito, ele não tem fome, ele vomita, e a barriga lhe dói, então há algo que começa a modificar a relação que ele tem com si próprio; os bebês quando eles têm fome eles comem aquilo de que eles necessitam e nada mais, mas se a resposta do entorno a cada vez que vocês choram vem um alimento, vocês se contentarão a princípio, mas isso produz a bulimia, a anorexia, essa é a função ômega, ou seja, uma resposta do entorno que não permite à criança integrar aquilo com o qual ela se depara, e que vai de certa forma, fazer com que ele seja desviado.

Os bebês ficam apaixonados pelos olhos, eles fixam nos óculos, nos olhos e eles tentam tocar os olhos. Vocês são mães e os bebês estão tentando ali tocar o olho, e a reação da mãe: "mas você está tentando furar o meu olho", mas o bebê ele só quer explorar esse objeto que brilha, que é o olho, e esse objeto o interessa, e isso é interpretado como ataque, isso é interpretado como algo de malvado. A mãe diz: "eu te dou alimento e é assim que você me responde? Você tenta me machucar", a resposta é completamente torta. Então essa é uma resposta da função ômega. É uma resposta que cria uma distorção, e o problema é que os bebês vão interiorizar esta resposta da mãe, porque essa resposta da mãe é como se a mãe interpretasse o seu movimento, e esse movimento de curiosidade e de exploração, vou interpretá-lo de forma distorcida, como se fosse um movimento malvado, movimento que torna bebês malvados. Isso vai atacar e culpabilizar o movimento enquanto é um movimento que poderia ser desenvolvido.

A curiosidade é extremamente importante na vida, ela cria psicanalistas, ela cria pesquisadores, ela impulsiona pessoas que tem prazer em descobrir, e se essa curiosidade é amputada, fica difícil, e para retornar para a questão do desamparo e da impotência, o que o bebê pode fazer nesse caso? Ele está confrontado a uma resposta que sistematicamente faz como se os movimentos com os quais ele está, fossem movimentos de criancinha malvada, de menininha malvada. Ele não consegue transformar isso, isso cria um mal-estar dentro dele, e esse mal-estar criado, ele não é capaz de poder transformá-lo, ou então ele vai criar modos de transformação que virão amplificar o problema.

Não sei se vocês têm em mente, mas eu trabalhei muito uma peça de Shakespeare que se chama *Richard III*, é uma peça incrível de Shakespeare, em que no primeiro ato Richard III é um criminoso, ele mata todo mundo e nesse primeiro ato, Richard III diz: "eu não sou bonito, os cachorros latem quando eu passo, e eu não tenho nada que poderia despertar o amor, eu sou malvado, e já que eu não posso fazer nada quanto a isso, já que eu nasci assim". Na verdade ele não nasceu assim, nós ficamos sabendo pela peça como ele chegou a isso, mas ele tem uma tomada de consciência do papel, do entorno, ele só tem uma tomada de consciência com relação à rejeição que ele sofre, então ele diz para si mesmo, então serei um celerado. Então aí temos um comportamento que observamos nas crianças, eles são tratados como crianças malvadas, e eles se tornam malvados. Esse é o raciocínio, já que eu não posso fazer de outra forma, então vou fazer como se eu tivesse de fato na origem de tudo isso.

Vocês entendem, são coisas que são bastante importantes. Vejo que o horário está acabando, mas não começamos bem na hora, e talvez eu possa transbordar um pouco o tempo. Espero que até agora, já vejo que há dez perguntas.

Sylvie: Eu disse que na verdade as perguntas serão traduzidas.

Roussillon: Eu estava olhando para as reações Sylvie, para ver se as pessoas estão me compreendendo, senão falo de outra forma... Vou continuar então.

Vou dizer coisas aqui, não sei se há muitas pessoas aqui no Brasil, que trabalham as consequências da vida fetal, e eu vou partir daí, para tentar compreender um pouco melhor, vou tentar refletir sobre uma representação daquilo que acontece das necessidades do bebê, porque vocês compreendem bem que os problemas de distorção, ou seja, de vida de impotência da criança, do seu desamparo, das suas angústias, dos seus terrores sem nome, como diz Bion, das suas angústias primitivas, como diz Winnicott, este problema está ligado não ao bom seio ou mau seio, esses problemas estão ligados à qualidade da comunicação primitiva com o bebê, e a qualidade da comunicação primitiva ela depende da forma pela qual o entorno respeita as suas necessidades, e respeitar as suas necessidades é respeitar o seu time, o seu tempo, não somente isso, mas respeitar toda uma série de características de comportamentos do entorno materno em relação ao bebê, mas o problema é que essas características não estão sempre ali, quando se espera que elas estejam. Vou ficar oscilando assim, entre Winnicott e Bion, e se eu tivesse mais tempo eu falaria da vida fetal, eu tenho pouco tempo, então iremos abordar as consequências da vida fetal sobre aquilo que acontece no momento do nascimento.

Vocês sabem que Bion disse que um bebê não é uma tábula rasa. Quando ele chega ele tem uma preconcepção do que ele gostaria de encontrar no seu entorno; são preconcepções, ele tem expectativas. Os bebês, eles buscam algo de cara e o que eles procuram, Bion fala de preconcepção, Winnicott fala de potencialidades; falamos agora em etiologia de competências. Os bebês têm competências, ou seja, eles têm capacidades e expectativas, e essas expectativas que eles têm, elas estão intimamente ligadas àquilo que eles conheceram.

Ora a vida do feto é a imagem, é a própria imagem do paraíso perdido. Todas as vossas necessidades são imediatamente satisfeitas, todas. Vocês sabem que isso pode se dar em detrimento das mães, as necessidades do bebê, e particularmente aquilo que diz respeito ao alimento, e de tal em relação aos nutrientes, isso se dá muitas vezes em detrimento da saúde da mãe. O bebê, o feto, ele vem em primeiro plano, ele é mais importante. É terrível de pensar isso, mas é assim. Ele sempre passa em primeiro plano, e com aquilo que resta a mãe tem de se virar, quando não há uma má nutrição, quando não há uma grande miséria, a mãe acaba se virando bem, ela se sai bem, ou seja, ele tem tudo, e tudo isso chega imediatamente, ele não tem que esperar a uma necessidade que se faz sentir, a regulação biológica faz com que imediatamente essa necessidade seja satisfeita.

Então é tudo, tudo imediatamente, e tudo acontece de forma natural, é o sistema biológico que está regulando. Eu insisto sobre isso, porque isso vai colorir às suas experiências subjetivas, experiências subjetivas do feto. Atualmente isso já foi demonstrado, que os fetos já têm certo nível de consciência daquilo que ocorre, e eles tem também uma forma de memória corporal, na forma pela qual isso ocorre. Então a sua satisfação, primeiro ela é regulada em função de um sistema que eu chamo de "sistema do todo", tudo agora, tudo automaticamente, tudo no centro, tudo junto, tudo em um, porque tudo passa pelo cordão umbilical; não há nada que escolher, não há escolhas, ele está numa lógica do todo. No momento do nascimento ele tem nele esse traço da sua experiência anterior e se nós queremos representar, as expectativas.

Isso Bion, ele contextualiza que eles não tinham acesso ainda, porque na época não havia essa compreensão ainda do feto. Winnicott ele falece em 70, em 1970, isso já então são cinquenta anos do falecimento dele. Há cinquenta anos o feto era algo ainda bastante desconhecido, ou seja, considerávamos que o bebê começava a ser no momento do seu nascimento, agora temos as ecografias, observamos os fetos. Por exemplo, vocês têm dois gêmeos e eles estão brigando. Há cinquenta anos quem poderia imaginar que os gêmeos estavam lutando no ventre da mãe. Quem poderia imaginar que quando há uma gota de sangue, um furo no plasma o feto rejeita, e isso poderíamos até talvez imaginar, porque haviam algumas técnicas que percebiam que havia a possibilidade de se comunicar com o bebê, colocando a mão sobre a barriga, havia essa intuição, mas agora é muito mais complexo; então sabemos que particularmente aquilo que ele vive, o estilo daquilo que ele vive, por exemplo, vocês estão ouvindo Mozart, se ele gosta de Mozart, ok, e se ele não gosta, e se vocês colocam Bach, ele fará diferença, então há atitudes muito mais complexas que aquelas que podemos imaginar.

Então quando ele nasce ele está naquela expectativa de algo que se prolongará daquilo que ele conheceu até então. Não há trauma do nascimento se há um entorno que seja acolhedor, há um trauma mínimo, ou seja, ele passa para a via aérea. Isso mudou alguma coisa, mas se o entorno é imediatamente atento e presente às necessidades do bebê, vocês podem observar uma maternidade, um bebê chora e aí automaticamente ele recebe uma palminha no seu corpo e ele chora, e quando ele está junto de sua mãe ele continua, porque ele ouviu o coração da sua mãe, porque o calor que lhe é proposto é muito próximo do calor materno, ou seja, ele está num processo de continuidade, e agora o bebê, ele precisa dessa continuidade, ele precisa que de certa forma, o sistema que ele conheceu que é um sistema de tudo imediatamente, tudo junto, tenha se prolongado suficientemente.

Então temos aqui uma nuance, esse sistema tem que ser prolongado suficientemente prolongado e se não é suficientemente prolongado, então ali começamos a ter um trauma, porque ele não encontra aquilo que ele conheceu, e que é sua expectativa interna. E são esses os primeiros efeitos traumáticos, há uma decepção e isso merece, quando vocês trabalham sobre a questão do desamparo e da impotência, a questão da decepção se articula muito bem com isso.

Há uma decepção e eu a chamei de decepções narcísicas primárias, porque ele guarda o entorno propício ao seu desenvolvimento narcísico, mas isso não acontece, e aqui é Winnicott que nos trouxe algo de decisivo em acordo com Freud. O que Freud tinha avançado era dizer que no fundo o primeiro movimento do bebê é tentar encontrar aquilo que ele já conheceu, o que ele já teve antes, ele vai tentar reencontrar aquilo que ele conheceu num modo alucinatório, e é o que Freud chama de realização alucinatória do desejo, e Winnicott diz não, não é exatamente assim que acontece porque Freud diz "a realização alucinatória do desejo é quando o seio não está ali, quando a mãe não está ali". De certa forma ele tenta fazer com que ela venha de forma alucinatória, porque ela não está ali. Winnicott diz não, não é bem assim que acontece. Quando é uma tensão que aumenta, há produção de uma alucinação, e se a mãe está suficientemente ajustada, se o entorno é suficientemente ajustado, é sensível, a mãe pressente isso e oferece o seio, oferece em função da necessidade do bebê à boa resposta, e é como se a alucinação do bebê funcionasse, ou seja, ele alucina e aquilo acontece aquilo se dá. É um pouco mágico! O que impede é que isso seja totalmente mágico é que acontece sim, mas não imediatamente, não da mesma forma, que haja uma pequena diferença, isso Freud identifica, porque desde 1895 ele diz a respeito das suas reflexões sobre o bebê e é um pouco um esboço.

Freud diz que o bebê tinha visto o seio de face, e hoje ele se apresenta de perfil, e será que ele não o reconhece? Não é a mesma coisa o seio de frente e o seio de perfil? Freud diz não. Quando ele tinha visto o seio de frente em determinado momento ele estava de perfil, então tinha a figura do seio de frente A que estava ligado à figura do seio de perfil B, mas as duas estavam ligadas associativamente porque uma tinha se dado após a outra, então o bebê quando ele vê o seio de perfil, ele diz que é o mesmo seio, porque ele já tinha visto o de frente anteriormente, ou seja, há um trabalho do bebê, há um pequeno trabalho, então há um processo alucinatório que seria a seguinte mensagem: "bem aqui está o que eu espero, aquilo que eu quero e aquilo que propõe a mãe que é próximo, mas não exatamente semelhante e o bebê é capaz de com (falha na gravação.) ... e vejam como é importante a questão da impotência, ele não é completamente impotente, ele tem certa possibilidade de tornar o seio ou a resposta materna, que não é perfeita, mas que é suficientemente próxima, ele tem a possibilidade de torná-la perfeita graças a esse trabalho que ele faz.

Esse é o contrato da impotência, começamos a fabricar um sistema, como esses bebês são capazes de tomar parte na gestão do mundo. Isso começa a funcionar para eles.

Eu estou com um problema, eu sempre prevejo um pouco mais, eu tive uma mãe que sempre prevê em excesso, eu sou filho dessa mãe italiana que sempre fazia uma provisão de comida a mais... eu vejo que nós vamos parar às 18h, ou seja, dentro de 26 minutos. Eu vou falar por mais seis minutos e teremos vinte minutos para discutir.

Estamos começando a achar aqui, abrirmos a questão dos deveres, da impotência: se o bebê quer reencontrar algo que era exatamente semelhante ao que ele tinha conhecido, ele não poderá, porque nenhuma mãe, nenhum entorno materno poderá ser tão funcional quanto o sistema de resposta biológica. O sistema de resposta biológica, ele é extraordinariamente ajustado às necessidades do bebê. Uma mãe, pai, eles fazem o que eles podem; eles tentam ajustar-se da melhor forma, mas há sempre uma pequena distância, se o bebê aceita esse trabalho para anular essa distância, e graças a seu trabalho pessoal ele vai chegar num limite, que é um limite do humano, mas ele poderá desenvolver justamente porque ele chega nesse limite, justamente porque ele se depara com essa dificuldade de fazer surgir o perfeito, ele começará poder desenvolver uma possibilidade de ação sobre o mundo, então a primeira proposta quando a confrontação com o limite e com certa forma de impotência permanece moderada, o vivido de impotência será um fator considerável de evolução. Mas vocês vêm, para que seja um fator considerado de evolução, o que é necessário é que essa distância, esse intervalo que deve ser preenchido não exceda as capacidades do bebê para preenchê-lo.

Então a impotência quando ela é moderada é um fator absolutamente importante da evolução. Esse elemento para mim é de primeira importância, não estamos diante de uma impotência traumática, estamos diante de uma impotência necessária, inevitável. Há um limite, e é esse limite que despertará algo que fará avançar, isso se torna problemático quando o intervalo é muito grande e que o bebê não tem a capacidade de esperar muito ou de encontrar um meio de tornar perfeita essa aproximação que lhe é proposta pelo entorno, e nesse caso é traumático. Por que é traumático? Porque isso se torna desorganizador, ou seja, o bebê não consegue, e quando ele não consegue mais, e há algo que começa a tornar-se terrível, o vivido de impotência ele é muito bem traduzido pelos bebês, como raiva, como destrutividade, e a raiva e a destrutividade dos bebês faz com que eles se desorganizem, e é isso que encontraremos mais tarde nos adultos. Quando eles tiveram experiências de desorganização precoce muito frequente, é que eles estiveram confrontados a algo no cotidiano que não é nada excessivamente diferente, mas que quando eles não integraram neles próprios capacidade de transformação suficiente de situações que deveriam ser integradas, eles se sentem em pane, eles passam a noite remoendo aquilo. Mas isso é ineficaz, porque é mágico, seria uma mágica se fosse suficiente dizer: "amanhã de manhã eu vou quebrar a cara dessa pessoa". Mas o que é eficaz de se fazer realmente? Mas nós ficamos na ilusão, ficamos no sonho, dizer a alguém que nos feriu que ele nos feriu, e encontrar a forma de transformar isso. Porque adultos, que não são bebês não conseguem fazer isso, ou dizer isso.

Eu vou parar, vi que faltam vinte minutos.

As particularidades dos traços primeiros, e porque há particularidades dos traços primeiros, que os nossos adultos de agora não conseguem fazer frente a certo número de situações da vida corrente, uma das particularidades das experiências primeiras é que elas são comandadas pela lógica do todo, ou seja, é tudo ou nada, é imediatamente ou nunca, é no centro ou é em lugar nenhum.

Enquanto a elaboração daquilo que Freud chama de identidade de um pensar, é um sistema que funciona parte por parte, e enquanto estivermos enquistados no sistema do todo, procuraremos ter tudo imediatamente, sozinhos, tudo conjuntamente e ao fracasso, e é muito difícil porque mais uma vez a mágica não existe; se fossemos capazes de pegar um pequeno fragmento, depois um segundo pequeno fragmento, é o que fazemos na psicanálise, quando temos situações traumáticas que foram massivas, trabalhamos elemento por elemento, fragmento por fragmento, porque nossa prática analítica não é uma prática do todo, é uma prática da integração, fragmentar, pedaço por pedaço, parte por parte; então a situação, o que permite sair da situação de impotência infantil, o que provoca a impotência infantil é, bom, os limites humanos e aí não há nada o que fazer.

Eu quero pular 2,50 m eu tenho 1,90 m, mas eu não conseguirei saltar 2,50 m e ninguém saltou 2,50 m. Aqui é um limite radical, mas eu sou um adulto razoável, nem tento saltar 2,50 m; se o desafio for de pular 1,20 m, então vou tentar, a primeira vez eu não vou conseguir, vou conseguir saltar 1,10 m, progressivamente 1,12 m e talvez eu consiga chegar a 1,20 m, 1,40 m, parte por parte, fragmento por fragmento, detalhe por detalhe, mas para poder fazer isso, preciso renunciar à busca do todo imediatamente, sozinho, tudo junto, originário.

O único luto fundamental, e foi chamado o luto originário, é o luto da identidade de percepção, ou seja, encontrar ao exatamente idêntico. A identidade de pensamento é uma identidade de pedaço por pedaço, e vocês vêm como essa questão está no cerne do trabalho analítico, ela é fundamental, é aquilo que nós temos de ensinarmos nossos pacientes, quando eles estão frente a um impasse, quando eles conservaram muito a lógica do todo, é isso.

E a última coisa que eu gostaria de dizer é que há algo que é ainda mais complexo, é a questão da repetição. A questão da repetição eu vou formulá-la em uma frase: minha expectativa primeira do bebê, a minha expectativa do todo primeiro, se ela não se tornou suficientemente experimentável, pelo meu entorno primeiro, se isso não aconteceu eu tenho uma coação interna a fazer isso acontecer, e eu vou repetir isso até que isso aconteça, e evidentemente após um tempo não é possível. Porque o tudo para um bebê pode chegar com um entorno suficientemente bom, o todo para uma criança de 3 anos é complicado e para um adulto vocês podem imaginar isso nunca acontecerá, então, a armadilha e o impasse está aí, de um lado há essa coação em fazer advir o todo e só podemos renunciar ao todo se o conhecemos, só podemos aceitar, portanto, trabalhar fragmento por fragmento se vivermos suficientes experiências do todo, ou seja, teremos de fazê-las advir, e é o que vamos ter com crianças que foram maltratadas, ou com as mulheres que sofreram violência e vemos que elas retornam a homens que as batem e crianças que sofreram maus tratos elas retornam aos seus pais. É porque o que eles obtiveram do objeto eles têm que absolutamente que obtê-lo, e ao mesmo tempo eles vão repetir tudo isso, mas nós temos de compreender essa lógica que está por trás e fazer enfim advir algo que não aconteceu e que era tão essencial, e progressivamente passar a um sistema em que não tentamos fazer advir o todo, mas que fazemos advir fragmento por fragmento, pedaço por pedaço, e aí teremos uma boa indicação de psicanálise.

Eu falei muito, mas não consegui dizer tudo, e renuncio a dizer tudo, e agradeço pela vossa escuta e estou disponível para conversar com vocês no tempo que nos resta.

Acho que há 52 perguntas e estamos diante do problema da realidade, de que não podemos responder, se vocês puderem ler as diferentes perguntas e ver se há dois ou três grandes temas por meio de todas essas perguntas que me permitirão satisfazer em parte às suas expectativas, perguntas ou intervenções; vocês podem intervir, se vocês não estão de acordo, se querem trazer complementos, eu ficarei muito feliz em ter essas intervenções.

Maria Teresa Pires Menicucci: Algumas perguntas foram no sentido de saber sobre a autora da função ômega.

Roussillon: É Gianna Williams, acho que ela é inglesa, ela é bioniana, ela trabalha na linha de Bion e ela trabalhou particularmente as patologias alimentares. Ela tem vários livros publicados nesse assunto. É um conceito muito interessante, esse conceito da função ômega.

Maria Teresa Pires Menicucci: Outras perguntas são no sentido de escutarem um pouco mais sobre a vida fetal. Se o bebê pode ser traumatizado ainda no útero da mãe, se situações de violência que impactaram a parturiente podem impactar também o bebê em formação?

Roussillon: Eu vejo que vocês estão interessados na vida fetal, vejo que é uma área que estamos explorando cada vez mais. Há um sistema que é próprio da espécie humana, que é um sistema de respostas biológicas. Os fetos, ou seja, eles são alimentados pelo cordão umbilical. Muito bem, eles escutam a voz da mãe, eles escutam a voz do pai, eles escutam as músicas, os barulhos externos e, além disso, a alimentação que chega depende daquilo que a mãe está comendo, então vocês têm um sistema que é o mesmo para todos, mas vocês têm variações que podem ser consideráveis em função das mães e efetivamente traumas, eles podem ocorrer por meio da alimentação, se a mãe come coisas que são impróprias e que envenenam, isto também vai envenenar o feto. Se há desequilíbrios muito importantes na alimentação materna, isso vai provocar desequilíbrios na alimentação do feto; as mães não podem beber álcool, consumir álcool, porque nesses casos os fetos podem tornar-se alcoólatras; as mães não devem fumar porque a fumaça é tóxica, então há também situações em que o feto está intoxicado, então aqui temos micro traumatismos, micro traumas, mas há também golpes que são ressentidos pelo ventre materno e há também outras coisas, ou seja, se a mãe está num ambiente em que se grita em que há violências físicas com um bebê que está no seu ventre, ele está submetido a tudo isso, e há outras coisas, as angústias da mãe, uma mãe muito angustiada, não há nenhum problema em ela se sentir assim. Mas, começamos a demonstrar com os ratos de laboratório, e sabemos agora que os produtos de secreção biológica ligada à angústia materna passam também no corpo fetal, ou seja, os traumas da mãe afetam também o bebê, o feto, então estamos certo de que isso acontece e aqui vamos abrir sobre a questão da proteção das mães, quando elas estão grávidas.

Quando elas são obrigadas a trabalhar muito, até o momento do parto, isso tem consequências sobre os bebês. Se elas têm um tempo de sono suficiente, isso também tem consequências sobre o feto.

Vou contar a vocês sobre algo que vai dizer muito aos psicanalistas. Um feto, uma primeira medida que pode ser feito sobre esses sonhos paradoxais, sobre esse sono paradoxal, o que chamamos nós de *o sonho*, ele sonha praticamente 90% de seu tempo. Isso é absolutamente obrigatório porque ele precisa se desenvolver permanentemente e ele tem uma atividade cerebral muito importante. O cérebro se desenvolve a partir dessas atividades cerebrais e 90% do tempo, isso faz com que o cérebro trabalhe e progressivamente, e à medida que ele vai crescendo o tempo de sono paradoxal diminui e ele chega a 40% do tempo, logo antes do nascimento. Esses foram os trabalhos que aconteceram em Lyon com o professor ... que media também o que acontecia nas mães, e as mães no início da gravidez elas sonham, como todo mundo, por volta de 25% do seu tempo e observamos que se a curva do bebê desce, a curva da mãe ela sobe e antes do nascimento a mãe atinge 40% do seu tempo em sono paradoxal, e o sono paradoxal da mãe, como o sono paradoxal do feto são sincronizados, eles sonham juntos e é o que dá valor a hipótese de Winnicott, da preocupação materna primária. A preocupação materna primária é uma montagem biológica. A natureza fez bem as coisas, ela prepara as mães para estarem em simbiose, para estarem em sintonia afetiva com o bebê.

Não é perfeito, mas é suficiente o termo de Winnicott de dizer suficientemente bom, é ótimo e isso significa que não é mágico, mas se aproxima, e é um trabalho de reajuste.

Outra coisa que eu queria dizer e que me parece tão importante mencionar, e que precisamos insistir sobre isso é o conceito de *transformação*. Há trabalhos muito minuciosos, há estudos sobre as interações das mães e dos bebês. Daniel Stern, ele olhou os sinais do bebê e os sinais da mãe, e ele viu como aquilo se correspondia, e é o mundo, porque são coisas que não vemos a olho nu, mas quando filmamos com câmera lenta, percebemos que há uma sobrancelha que se levanta uma sobrancelha do bebê que se levanta, uma sobrancelha da mãe que se levanta, então há uma correspondência corporal. Mas, se não funciona assim, significa que é um Decallage (mudança), isso significa também que há um ajuste em permanência. Cem por cento das interações precoces são interações de ajuste, e essa busca do ajuste é que é muito importante com relação à questão da impotência, porque se não há o ajuste, o bebê pode fazer o que quiser.

Bem vou dar mais um exemplo: nós desenvolvemos em algum momento a ideia do grito como uma espécie de descarga pulsional e há pessoas que acreditam que o grito é uma descarga pulsional, mas não é isso. Quando analisamos o grito, há vários gritos diferentes:

1) é uma mensagem; 2) é um chamado; 3) os bebês não gritam da mesma forma quando eles têm fome; 4) não é o mesmo grito quando eles estão sujos; 5) não é o mesmo grito quando eles têm alguma dor; 6) não é o mesmo grito quando eles querem alguma coisa tipo de comunicação humana. Então vocês podem imaginar se vocês têm uma mãe que não interpreta todos esses gritos diferentes, e somente como um grito de descarga e que ali sistematicamente lhe dá alimento, isto sim é um vivido de impotência. O bebê não consegue comunicar alguma coisa, ele não consegue fazer com que ela o escute, ele não consegue comunicar algo que ele está experimentando. Mas, se vocês têm algo como "ai, eu não tenho muita certeza", ele está gritando, mas eu vou ver se ele está sujo, se há essa tentativa e erro, se há essa busca, isso é extraordinário.

Não é por acaso que um dos primeiros jogos no qual a mãe e o bebê jogam é um jogo de esconde-esconde, não é um simples acaso, é um jogo que encena algo de essencial na comunicação, que é "estamos nos buscando", isso também é muito rico para nós psicanalistas, a ideia da boa interpretação, perfeita, que vamos conseguir colocar à frente, no bom momento. Isso não acontece assim, e, aliás, nossos pacientes não exigem isso de nós, mas nossos pacientes se dão conta de que nós estamos tentando entender, fazemos uma primeira proposta, reajustamos, reintegramos algo do que ele diz, ou seja, nós estamos ajudando o paciente de forma muito intensa.

Winnicott tem uma belíssima fórmula, ele diz: "Eu interpreto para fazer conhecer aos meus pacientes o limite do que eu estou incapacitado de compreender". Não dar interpretações para se mostrar inteligente, para dar imagem de um psicanalista que tem sempre razão, não é esse o nosso trabalho, não somos heróis, os heróis são os pacientes. O herói é o paciente, não o analista, há derivas incríveis a cada vez que o paciente diz alguma coisa, o analista diz: há isso tem a ver comigo. Vocês podem imaginar, mas os pacientes têm sua vida, há certo número de coisas que tem a ver com nós analistas, mas há muitas coisas que somente diz respeito a sua própria história, ao seu objeto de amor. Se nós referenciamos tudo a nós, interpretamos tudo na transferência, há um lado de mãe mediterrânea. O bebê tem uma gripe, a mãe diz: "ah ele me fez essa gripe" "ele me fez essa gripe para me atacar".

O Brasil é um país mediterrâneo também, então vocês devem conhecer bem isso, essa forma de relacionar tudo a si próprio como se nós fôssemos os heróis do paciente, os heróis da história do paciente, e não é nada disso, ele tem a sua própria história, e nós temos que refletir algo para o paciente da sua própria história. Isso para mim é tão importante, me parece tão importante, e são coisas também que aprendemos a partir de todos esses modelos que eu tentei desenvolver nesses ajustes primeiros.

Talvez nós tenhamos o tempo para mais uma pergunta.

Rita Andréa Alcântara de Mello: É uma pergunta de Bernardo Tanis. "Prezado Roussillon, agradecemos mais uma vez pela sua presença entre nós. Gostaria que comentasse a relação entre a função ômega que descreve como a implantação dos significantes enigmáticos, como teorizado por Laplanche, na medida em que aponta para a necessidade do bebê ter que metabolizar o que vem do outro, algo não tão presente na teorização de Bion".

Roussillon: Significantes enigmáticos é a posição de Laplanche, e é muito interessante a evolução de Laplanche. Eu acho que vocês tiveram recentemente Bernard Golse, não sei se ele falou de Laplanche, ele é um grande amigo meu, trabalhamos muito juntos e ele me disse uma vez, Laplanche me disse: "Se eu tivesse que recomeçar eu me lançaria fundamentalmente para trabalhar na situação da primeira infância, e muito mais do que as formas complexas do Complexo de Édipo. Tudo aquilo pelo qual todos os seres humanos já passaram; já fomos todos, um bebê de um entorno materno, porque não há outra forma de viver e sobreviver". Então a posição de Laplanche evoluiu nesse sentido. Eu tinha discutido com Laplanche, é uma pessoa que eu estimava muito, já que ele faleceu. Os significantes enigmáticos não é a função ômega, os significantes enigmáticos é algo, vamos tentar colocá-los em cena assim: o bebê está mamando, ele olha para o rosto de sua mãe, ele sente na sua mãe algo que seria como um prazer, e isso lhe permite sentir algo do seu próprio prazer, isso é a base. E se a mãe não tem nenhum prazer em amamentar o seu bebê, o bebê terá muita dificuldade em aceitar o seu próprio prazer, a sentir o seu próprio prazer. O problema é que o seio da mãe, não é somente o seio para o bebê, ele é também o mesmo seio que está ligado a sua sexualidade feminina de mulher, e as sensações da mãe quando o bebê está amamentando, essas sensações não podem estar ligadas com as suas sensações de corpo de mulher, e do seu erotismo de mulher, o que significa que há um prazer no bebê, um prazer na mãe, mas há algo no prazer da mãe que o bebê não tem. É a relação com o orgasmo, por exemplo, o bebê não conhece isso. Ele não tem essa ferramenta. Eles irão ter essa ferramenta na adolescência, eles não estão aparelhados para isso, quando eles têm 4 meses, 5 meses, 6 meses, mas, o bebê presente que há algo na mãe que é como um prazer, um prazer que contém algo que lhe escapa, porque esse prazer na mãe tem a ver com o bebê, mas também com o seu erotismo de mulher porque ela o inclui na sexualidade feminina, isso é o sentido do significante enigmático.

Onde a sua pergunta me parece extremamente pertinente, é que há derivas disso, há derivas do significante enigmático e esse é um ponto que eu tinha discutido com Jean Laplanche, e eu tinha comentado que o significante enigmático ele não é a priori desorganizador, ele pode ser ao contrário, mobiliza curiosidade. "Ah interessante esse sorriso da minha mãe, ele é estranho, parece o sorriso da Gioconda", isso pode levar com que o bebê se pergunte o que está acontecendo com ela. Se a mãe tem um orgasmo e isso acontece, é outra coisa, não é um sorriso enigmático, e o bebê está confrontado a alguma coisa com a qual ele não tem meios para entender o que está acontecendo: um orgasmo, ou um enjoo, é aí que encontraremos a função ômega, ou seja, aquilo que a mãe reflete por meio da sua feição ao bebê; não tem nada a ver com o bebê, mas está ligada, é como se estivesse mergulhado, de repente em uma situação orgástica da sua mãe com seu pai, e os bebês, eles não sabem como tratar isso, então é isso que eu gostaria de responder, a questão é uma questão de grau, um enigma relativamente moderado, não sem problema, mas quando esse enigma se torna muito importante, ele se torna desorganizador, e quando ele é desorganizador, é a função ômega.

Para terminar quero dizer que passei uns momentos muito agradáveis com vocês, isso me lembrou, eu acho que eu visitei duas vezes a Sociedade, eu vim várias vezes, mas eu tinha trabalhado com a Universidade da PUC, com Eliana Rache e Marion Minerbo, eu vim duas vezes e eu tinha ficado impressionado pela incrível estrutura que vocês têm. Nós tínhamos saído depois da conferência para passear e de certa forma eu reencontrei isso, eu relembrei esses momentos nostálgicos, e se vocês ficaram felizes, eu também, e até uma próxima vez, eu espero. Até logo, até a próxima.

Sobre os autores

Adrianna Nunez

Formada em Pedagogia pela Unisantos. É especialista em Educação Infantil pela Umesp, especialista em Alfabetização pelo Centro de Formação da Escola da Vila e especialista em Culturas Escritas e Alfabetização Inicial pelo Centro de Altos Estudios Universitarios – CAEU da Organización de Estados Iberoamericanos para la Educación, la Ciência y la Cultura – OEI e UNLP. É mestranda em Escritura y Alfabetización na Universidad Nacional de La Plata – UNLP, Argentina, onde desenvolve pesquisa na área da alfabetização inicial com crianças entre 4 e 6 anos. Trabalha também como coordenadora pedagógica e como formadora de professores.

Alceu Casseb

Médico psiquiatra e doutor pela Unicamp. É Membro Efetivo e Analista Didata da SBPSP. É editor associado da *Revista Uruguaia de Psicanálise* da APU e membro editorial do Livro Anual do The International Journal of Psychoanalisis.

Ana Maria Stucchi Vannucchi

Graduada em Psicologia pela Universidade de São Paulo, onde também fez mestrado em Psicologia Social. Fez a Formação Psicanalítica na Sociedade Brasileira de Psicanálise de São Paulo (SPBSP), onde é Membro Efetivo, Analista Didata e docente. Foi membro eleito da Comissão de Ensino do Instituto de Psicanálise da SBPSP durante vários anos, e membro fundador e coordenador do Laboratório de Adolescentes da mesma instituição. Atualmente é Diretora Científica da SBPSP.

Carmen C. Mion

Atual Presidente da Sociedade Brasileira de Psicanálise de São Paulo (SBPSP) (2021/2022). É Membro Efetivo e Analista Didata da SBPSP e da Federação Brasileira de Psicanálise (Febrapsi). Também é Membro Efetivo da Federación de Psicoanálise de la America Latina (Fepal) e Full Member of The International Psychonalytical Association (IPA); Membro do Board do International Journal of Psychoanalysis. É docente e supervisora do Instituto de Psicanálise Durval Marcondes; docente no curso de pós-graduação em Psicoterapia Psicanalítica, na disciplina "Contribuições de W. Bion à Psicanálise" na Unipe de São Paulo entre 2013 e 2019. Tem formação médica pela Faculdade de Medicina da USP, com residência e especialização em Neurologia Clínica pela Clínica Neurológica do Hospital das Clínicas da FMUSP. Fez pós-graduação em Psiquiatria pelo Mental Health Clinical Research Center, Department of Psychiatry, University of Iowa Hospital nos Estados Unidos. Publicou trabalhos na *Revista Brasileira de Psicanálise*, no *Jornal de Psicanálise* e no *International Journal of Psychoanalysis*, assim como diversos capítulos de livros nacionais e internacionais. Atende pacientes adolescentes e adultos em consultório particular desde 1980, onde também realiza supervisões e coordena grupos de estudo sobre a obra de Sigmund Freud e Wilfred Bion.

Cassio Rotenberg

Psicólogo formado pela Universidade Federal do Paraná (UFPR). É Membro Efetivo e Docente da SBPSP. Autor do livro *111 sublime poems: an anthology of english classical poetry*, e autor de artigos publicados em livros e revistas científicas sobre psicanálise no Brasil e no exterior. Atende em consultório particular em São Paulo e atualmente exerce a função de Diretor Financeiro da SBPSP (2021-2022).

Claudio Castelo Filho

Membro Efetivo e Analista Didata da SBPSP. Psicólogo pela Universidade de São Paulo – USP, Mestre em Psicologia Clínica pela Pontifícia Universidade Católica de São Paulo – PUC-SP, Doutor em Psicologia Social e Livre Docente em Psicologia Clínica pela USP. Editor da *Revista Brasileira de Psicanálise* desde janeiro de 2021; autor dos livros *O processo criativo: transformação e ruptura* (Blucher, 2015), *A psicanálise do vir a ser* (Blucher, 2020), coautor e organizador do livro *Sobre o feminino* (Blucher, 2018) e de inúmeros capítulos de livros e artigos de periódicos publicados no Brasil, na Itália e nos Estados Unidos. É membro da Federação Brasileira de Psicanálise (Febrapsi), da Federação de Psicanálise da América Latina (Fepal) e da International Psychoanalytical Association (IPA). É também artista plástico (pintor e desenhista) com exposições e publicações no Brasil, na Inglaterra e na Alemanha (@claudiocastelofilhopinturas).

Denise Aizemberg Steinwurz

Psicóloga, psicanalista e mestre em Psicologia Clínica pela Pontifícia Universidade Católica de São Paulo. Membro associado da SBPSP, onde participa de grupos de estudo sobre Psicossomática Psicanalítica, da Clínica do Des-Amparo e a Mente do Analista, da Clínica Borderline, entre outros. Premiada no concurso Psicossomática e Interdisciplinaridade no Congresso Paulista de Psicossomática, em 2012. Foi coordenadora de grupos terapêuticos com pacientes com colite e doença de Crohn na ABCD (Associação Brasileira de Colite e Doença de Crohn) entre 2001 e 2019. Docente de Seminários de Psicossomática Psicanalítica na Diretoria de Atendimento a Comunidade da SBPSP entre 2011 e 2014. Membro da comissão organizadora da Jornada de Psicossomática Psicanalítica da Diretoria de Atendimento a Comunidade da SBPSP em 2014. Participou das atividades no Margaret S. Mahler Observational Research Nursery em New York no final da década de 1980. Cofundadora do projeto "Consultas Terapêuticas" ligado à clínica do Instituto Sedes Sapientiae, onde é membro do Departamento de Psicossomática Psicanalítica. Publicou vários capítulos de livros em psicanálise e apresenta trabalhos em congressos nacionais e internacionais.

Gleda Brandão Araujo

Membro Efetivo da Sociedade Psicanalítica de Mato Grosso do Sul (SPMS), na qual tem funções didáticas desde 2001, e da Sociedade Psicanalítica do Rio de Janeiro (SPRJ) desde 1999. Foi Presidente da Febrapsi de 2011 a 2013 e Coordenadora Científica da Fepal entre 2016 e 2018. Desde julho de 2019, é representante pela América Latina no Board da IPA.

João Carlos Braga

Graduado em Medicina pela Universidade Federal do Paraná (UFPR) e doutor em Medicina também pela UFPR. Foi professor assistente do Departamento de Psiquiatria e Psicologia Médica entre 1968 e 1981. Fez formação analítica no Instituto de Psicanálise da SBPSP, da qual é Membro Efetivo, Analista Didata e participa do corpo docente. É fundador e membro efetivo com função didática do Grupo Psicanalítico de Curitiba. Publicou cerca de trinta trabalhos psicanalíticos em revistas nacionais e internacionais. Tem prática clínica em Curitiba, Paraná.

Marina Ferreira da Rosa Ribeiro

Professora Doutora do Instituto de Psicologia da USP. Membro fundador do Laboratório Interinstitucional de Estudos da Intersubjetividade e Psicanálise Contemporânea (Lipsic) e membro efetivo do Departamento Formação em Psicanálise do Instituto Sedes Sapientiae. Autora do livro *De mãe em filha*, e coautora dos livros *Por que Klein?* e *Bion em nove lições – lendo transformações.*

Péricles Pinheiro Machado Jr.

Membro associado da SBPSP. Pesquisador associado do Lipsic. Mestre em Psicologia Social pelo Instituto de Psicologia da USP e pelo Birkbeck College da University of London. Atualmente é doutorando pelo IP-USP.

Rahel Boraks

Analista Didata da SBPSP. É docente do Instituto Durval Marcondes da SBPSP e do curso de especialização do Cepsi. Também é coordenadora de grupos de estudos e supervisão em consultório particular.

René Roussillon

Membro titular da Sociedade Psicanalítica de Paris e do grupo Lyon Rhône Alpes. Professor de Psicologia e Psicopatologia na Clínica da Universidade Lyon 2, onde chefiou o Departamento de Psicologia Clínica por 22 anos e uma equipe de pesquisa dedicada a situações limítrofes e extremas de subjetividade durante o mesmo período. Recebeu o Prêmio Sigourney em 2016. Publicou cerca de 250 artigos, cerca de cinquenta em língua estrangeira, e quinze livros, incluindo dez traduzidos para língua estrangeira.

Walkiria Nunez Paulo dos Santos

Psicanalista pela International Psychoanalytical Association (IPA) e membro associado da SBPSP. Especialista em Psicologia Clínica pelo Serviço de Tocoginecologia do Corpo Clínico da Santa Casa de Misericórdia de Santos. Dedica-se à psicanálise desde 1979. Apresenta e coordena trabalhos em congressos da Febrapsi, Fepal e IPA. Estuda e escreve sobre o Prazer no Pensar. Atende adolescentes e adultos em consultório particular desde 1980. Supervisora de profissionais de saúde desde 1983, atua na clínica de doenças crônicas intestinais desde 1999. É criadora e coordenadora do grupo de estudos Clínica do Des-Amparo e a Mente do Analista da SBPSP. Coordenadora da Diretoria de Atendimento à Comunidade (DAC) da SBPSP – Setor de Cursos, Jornadas e Simpósios (2021-2022). Autora do livro *O Prazer no pensar – prazer criativo* (Blucher, 2019) e organizadora e autora de capítulos de *Des-amparo e a mente do analista* (Blucher, 2018) e do livro *Fronteiras do des-amparo e as vicissitudes da pandemia* (Blucher, 2022).